板書で見る 算数

全単元・全時間の授業のすべて

小学校 **5年** 下

田中博史 監修
盛山隆雄 編著
筑波大学附属小学校算数部 企画・編集

東洋館
出版社

算数好きを増やしたいと願う教師のために
―プロの授業人集団の叡智を結集した『板書で見る全単元・全時間の授業のすべて』―

　子どもたちに楽しい算数の授業を届けたいと願う，全国の算数授業人の同志から叡智を集めて，算数の板書シリーズの下巻をここに完成させることができました。

　上巻の2年から6年については，算数授業の達人と称される面々に一冊丸ごと執筆してもらいました。2年山本良和，3年夏坂哲志，4年大野桂，5年盛山隆雄（ここまで筑波大学附属小学校），そして6年は尾﨑正彦（関西大学初等部）の各先生です。

　いずれも個性派ぞろいで，力強い提案性あふれる作品を仕上げてくださいました。

　1年については田中博史が監修し，中田寿幸，森本隆史（ここまで筑波大学附属小学校），小松信哉（福島大学），永田美奈子（雙葉小学校）の各先生の共同執筆で制作しました。

　これは複数のメンバーの叡智を集めて構成する下巻の見本となるようにと考えた試みでした。お陰様でいずれの巻も読者の先生方の厚い支持をいただくことができ，発売してすぐに重版することになりました。この場を借りて深くお礼を申し上げる次第です。

　さて，冒頭でも述べたように，下巻の各学年のシリーズは全国の先生方の参加をいただいてつくり上げました。それぞれ，全国算数授業研究会をはじめとする諸団体で活躍されている面々です。

　ある先生に尋ねると，日々の授業づくりでも，この板書の形式でプランを立てることがとても多いのだそうです。研究授業などでは，指導案の形式でプランを立てるのだけど，それと比較すると板書形式で計画を立てるときは，細かな子どもとのやり取りまでを想起することになるため，表組みの指導案だけのときでは気が付かないこともたくさんあるとのこと。

　これこそが，まさしく，我々が板書形式の本をつくろうと思い立った理由の一つでもあるのです。

　最初に提示する問題は，どのぐらいのスペースを使って書くと子どもから見やすいのだろうか。子どもがそれをノートに書き写すとしたら，どのぐらいの長さで改行するといいのだろうか。さらにどこまで一気に書き，どこで待つのか。

　問題文を書くという行為のところだけでも，ずいぶん考えることがたくさんあることに改めて気が付くと思います。

　さらに，子どもたち一人ひとりの問題への取り組みを見つめていると，途中で教師が課題を整理したり，子ども自身に書かせるためのスペースを意識したりと全体のレイアウトにも配慮をしておくことが必要になります。

　この場面では，こんな子どものつぶやきが欲しいなと思って，それを吹き出しの形式で書き込んでみると，実はその直前の自分の問いかけでは，そんな声は期待できないなと改めて自分の発問の不備にも気が付く瞬間があります。

一枚の板書に自分の実現したい授業をイメージして投影することで，板書には表れていない教師と子どもの対話もこうして具体的に想起することができる，この教師の地道な準備こそ，多岐にわたる子どもに対応できる力につながるものだと考えるのです。

　つまり本来は，板書によるプランづくりから各先生に体験していただくのが理想です。

　しかし，全ての先生が算数を専門にしていらっしゃるわけではありません。日々8教科の準備に慌ただしく取り組まなくてはならない先生方がゼロから準備するのでは大変でしょう。ですから本書に示した板書形式による授業プランを，まずはサンプルとして使っていただければいいと考えます。

　ここには，実力ある算数教師の足跡が残されていますので，もちろんあるときはそっくりそのまま試してみるだけでも価値があります。でも，書かれている子どもの姿とのずれを感じることもきっとあるでしょう。そのときはそれを本書のそのページに書き込んでおきましょう。またあるときは，目前の子どもに合わせてアレンジし直して使ってみることもできます。

　本書の板書のページに自分のクラスの子どものつぶやきなど，想定できるものを赤字で書き込んでみたり，提示の順番の入れ替えを矢印で書き込んでみたり，さらには予想される子どもの反応を加筆したり削除したり……。

　こうすることによって，読者の先生方のクラスの子どもの実態により即したものへと変容させることができます。試してみて，やはり元通りがよかったと思えば青いペンで書き込んでおくとか，変えた方がうまくいったなと思ったらそれを赤字で強くマークしておくとか……。このたくさんの書き込みあふれる全単元・全時間の丸ごと一冊の記録を，後輩に引き継いでいくと，本当の意味での算数授業のデータベースづくりになります。

　私たちがこの板書シリーズを作成したときのもう一つの目的は，実はこの優れた授業プランのデータベース化でした。1時間だけではなく全時間がそろっていることの大きな価値です。それも表組みではなく，ビジュアルな形式での蓄積がなされれば，役に立つと考えたのです。それぞれの学校の教師の叡智あふれる一冊が続々と誕生していけば，今求められている各校独自のカリキュラム・マネジメントが実現できる教師力の向上にもきっと寄与することでしょう。

　本書が日々の授業づくりに役立つだけではなく，明日の，さらには来年のよりよい授業づくりの構築へとつながっていくものになればこんなに素晴らしいことはありません。

　最後に，本シリーズの企画から完成までの日々をずっと支え続けていただいた東洋館出版社の畑中潤氏，石川夏樹氏には心より深く感謝申し上げる次第です。

令和2年7月

板書シリーズ算数　総合企画監修

「授業・人」塾　代表　田中　博史

前筑波大学附属小学校副校長・前全国算数授業研究会会長

算数好きを増やしたいと願う教師のために

板書で見る
全単元・全時間の授業のすべて
算数 5年下

目　次

板書で見る全単元・全時間の授業のすべて
算数 小学校 5 年下
目次

17　角柱と円柱　7時間

本書活用のポイント

　本書は読者の先生方が，日々の授業を行うときに，そのまま開いて教卓の上に置いて使えるように
と考えて作成されたものです。1年間の算数授業の全単元・全時間の授業について，板書のイメージ
を中心に，展開例などを見開きで構成しています。各項目における活用のポイントは次のとおりです。

題　名

　本時で行う内容を分かりやすく紹介
しています。

目　標

　本時の目標を端的に記述しています。

本時の板書例

　45分の授業の流れが一目で分かる
ように構成されています。単なる知識
や技能の習得のためだけではなく，数
学的な見方・考え方の育成の視点から
つくられており，活動の中でのめあて
の変化や，それに対する見方・考え方
の変化，さらには友達との考え方の比
較なども書かれています。

　また，吹き出しは本時の数学的な見
方・考え方につながる子どもの言葉と
なっており，これをもとに授業を展開
していくと効果的です。

授業の流れ

　授業をどのように展開していくのか
を，4～5コマに分けて紹介してい
ます。

　学習活動のステップとなるメインの
吹き出しは，子どもが主体的になった
り，数学的な見方・考え方を引き出す
ための発問，または子どもの言葉と
なっており，その下に各留意点や手立
てを記述しています。

　青字のところは，授業をうまく展開
するためのポイントとなっています。
予想される子どもの発言例は，イラス
トにして掲載しています。

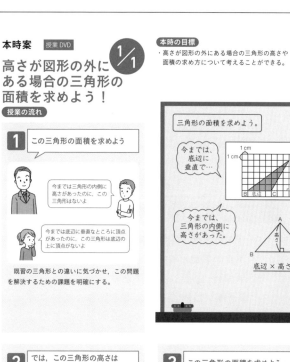

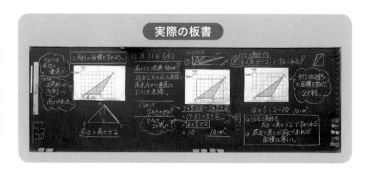

実際の板書

本時の評価
・三角形の高さは図形の外にとることができることを理解し、三角形の面積の求め方を見いだして説明をすることができたか。

高さをどう表現するのか？
辺BCをのばした直線に頂点Aから垂直におろした直線。

どうやって
求めたのかな？

ということは、

このような三角形でも
底辺×(高さ÷2)で求められる！

1cm

5cm

7㎠ 3㎠

7cm

どうして
この式に？

$7 \times 5 \div 2 - 3 \times 5 \div 2$
$= (7-3) \times 5 \div 2$
$= 4 \times 5 \div 2$
$= 10$ 　10cm²

分配法則

同じ

1cm

$4 \times 5 \div 2 = 10$
10cm²

平行四辺形の
面積を求めて、
÷2する。

◎どんな三角形も
　底辺×高さ÷2で求められる。
◎底辺と高さが同じであれば
　面積は等しい。

4 平行四辺形にして求めることもできます

この考え方を式にして
表せますか？

$4 \times 5 \div 2 = 10$　10 cm²です

みんな底辺×高さ÷2になったよ

底辺と高さが同じ三角形なら、
みんなこの式で求められるのかな？

底辺×高さ÷2を三角形の面積を求める公式としてまとめる。

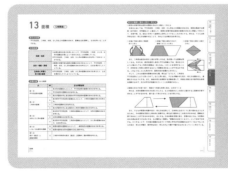

まとめ

高さをどう捉えるかを議論することが必要である。頂点から底辺の延長線に垂直にかいた直線の長さを高さとすることを丁寧におさえたい。
面積を求める式を変形させて、底辺×高さ÷2で求められることを見いだす。式変形が難しい場合は、適切に支援する。平行四辺形と同じように、三角形も底辺と高さが等しければ面積が同じになることに気づかせたい。

第1時
009

10	分数のたし算とひき算
11	平均
12	単位量あたりの大きさ・速さ
13	面積
14	割合
15	帯グラフと円グラフ
16	正多角形と円
17	角柱と円柱

評 価

本時の評価について2〜3項目に分けて記述しています。

準備物

本時で必要な教具及び掲示物等を記載しています。

まとめ

本時の学習内容で大切なところを解説しています。授業の終末、あるいはその途中で子どもから引き出したい考えとなります。

特典DVD

具体的な授業のイメージをより実感できるように、実際の授業を収録したDVD（1時間分）がついています（本書は左の事例）。

単元冒頭頁

各単元の冒頭には、「単元の目標」「評価規準」「指導計画」を記載した頁があります。右側の頁には、単元の「基礎・基本」と育てたい「数学的な見方・考え方」についての解説を掲載。さらには、取り入れたい「数学的活動」についても触れています。

本書活用のポイント
009

本書の単元配列／5年下

単元（時間）	指導内容		時間
10　分数のたし算と 　　ひき算 　　　　　　　　(9)	第1次	通分と分数のたし算，ひき算	4時間
	第2次	約分と分数のたし算，ひき算	2時間
	第3次	いろいろな分数のたし算，ひき算	2時間
	第4次	時間と分数	1時間
11　平均 　　　　　　　　(6)	第1次	平均の意味と求め方	3時間
	第2次	平均の習熟と活用	3時間
12　単位量当たりの 　　大きさ，速さ 　　　　　　　(10)	第1次	異種の2量の割合の比べ方	4時間
	第2次	速さ	4時間
	第3次	活用	2時間
13　面積 　　　　　　　(12)	第1次	平行四辺形の面積	3時間
	第2次	三角形の面積	3時間
	第3次	台形とひし形の面積	3時間
	第4次	いろいろな図形の面積	2時間
	第5次	高さ（底辺）と面積の関係	1時間
14　割合 　　　　　　　　(8)	第1次	割合	4時間
	第2次	百分率と歩合	2時間
	第3次	割合を使う問題	2時間
15　帯グラフと 　　円グラフ　　(5)	第1次	帯グラフ・円グラフのよみ方，よさ，表し方	4時間
	第2次	帯グラフ・円グラフの活用	1時間
16　多角形と円 　　　　　　　(10)	第1次	正多角形の理解	4時間
	第2次	円の周りの長さ	5時間
	第3次	プログラミング	1時間
17　角柱と円柱 　　　　　　　　(7)	第1次	角柱と円柱	3時間
	第2次	角柱・円柱の展開図	4時間

I

第5学年の
授業づくりのポイント

第5学年の授業づくりのポイント

1 第5学年下巻の内容

第5学年の下巻に収められている内容は，以下の8単元である。

> 10 分数のたし算とひき算　　11 平均　　12 単位量当たりの大きさ，速さ
> 13 面積　　14 割合　　15 帯グラフと円グラフ　　16 正多角形と円　　17 角柱と円柱

これらの単元に関する内容を，学習指導要領をもとに概観すると次のようになる。

〈数と計算〉

10 分数のたし算とひき算

○分数の意味や表現に着目し，計算の仕方を考えること。

　・同じ大きさを表す分数

　・通分と約分の意味

　・異分母分数の加法，減法

〈図形〉

13 面積

○図形の計量の仕方について考察する。

　・三角形，平行四辺形，ひし形，台形の求積

16 正多角形と円

○図形の概念について理解し，その性質について考察する。

　・正多角形の性質の理解

　・直径と円周との関係

17 角柱と円柱

○図形の構成の仕方について考察する。

　・角柱と円柱の特徴

　・柱体の見取り図，展開図

〈変化と関係〉

12 単位量当たりの大きさ，速さ

○異種の2つの量の割合として捉えられる数量の関係に着目し，大きさを比べたり表現したりする
　方法を考察する。

　・速さの意味

　・単位量当たりの大きさを用いた比べ方

14 割合

○ある2つの数量の関係と別の2つの数量の関係との比べ方を考察する。

　・割合を用いた比べ方

　・百分率の意味

〈データの活用〉

11　平均

○概括的に捉えることに着目し，測定した結果を平均する方法について考察する。

　　・測定値の平均の意味

15　帯グラフと円グラフ

○目的に応じてデータを収集，分類整理し，結果を適切に表現する。

　　・統計的な問題解決の方法

　　・帯グラフや円グラフの特徴とよみ取り

2　本書に見る，数学的活動の具体例

　学習指導要領では，次のような数学的活動に取り組むことが記されている。

ア　日常の事象を数理的に捉え問題を見いだして解決し，解決過程を振り返り，結果や方法を改善したり，日常生活等に生かしたりする活動

イ　算数の学習場面から算数の問題を見いだして解決し，解決過程を振り返り統合的・発展的に考察する活動

ウ　問題解決の過程や結果を，目的に応じて図や式などを用いて数学的に表現し伝え合う活動

　数学的活動とは，子どもが目的意識をもって主体的に学習に取り組むことである。この活動を通すことで，基礎的・基本的な知識及び技能を着実に身に付けるとともに，数学的な思考力，判断力，表現力等を高め，算数に関わりをもったり，算数を学ぶことの楽しさを実感したりできることが大切である。

　これらに関する事例は，本書にも掲載されている。

13　面積　第11時「台形の面積の公式に統合する」

　本時は，既習の面積が台形の面積の公式に統合できることを見いだすことがねらいである。

　（□＋□）×高さ÷2の式を提示し，この式で面積が求められる図形を選ぼう，という問題を出す。この式を見ると，台形の公式であることに気付くので，子どもたちは提示された図形の中から台形のみを選ぶことが予想される。

　しかし，もしかしたら気付く子どもが現れるかもしれない。

　例えば長方形はどうだろうか。たて3cm，横2cmの長方形の場合，上の式にあてはめると（2＋2）×3÷2＝6となる。長方形の面積の公式で計算すると3×2＝6なので，上の式でも面積を求められることが分かる。

　また，底辺が3cm，高さが3cmの平行四辺形の場合はどうだろうか。上の式にあてはめると，（3＋3）×3÷2＝9となる。平行四辺形の面積の公式で計算すると3×3＝9なので，やはり上の式でも面積を求められることが分かるのだ。

　ここで，どうして長方形や平行四辺形も台形の公式で面積が求められるのかを考える。台形は，向かい合う1組の辺が平行な四角形である。そういう視点で長方形と平行四辺形を見直すと，同じように1組の辺が平行な四角形という見方をすることができる。

　図形の包摂関係は学習しないが，長方形や平行四辺形を台形の仲間として捉え直すことで，台形の公式で求積できる図形として見ることができる。

子どもたちにとって不思議なのは，三角形である。台形と同じ四角形ではないので，三角形はこの式では求積できないだろうと思うだろう。

　しかし，上底の長さを 0 cm とみなすと，底辺 4 cm，高さ 3 cm の三角形の場合，（0＋4）×3÷2＝6 と計算できる。三角形の公式で計算すると，4×3÷2＝6 なので，三角形も台形の公式で求積できることが分かる。

　台形の公式さえあれば，これまで学習したすべての図形の面積を求めることができることが分かるのである。

板書「面積」第11時

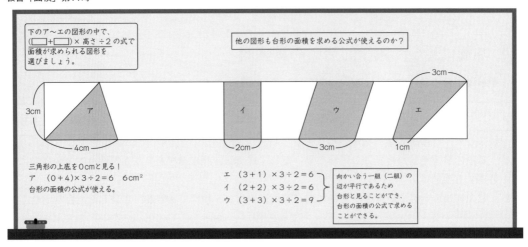

16　正多角形と円　第 4 時「時計の文字盤と正多角形」

　時計の文字盤を使って正多角形をつくるというだけで，子どもたちはわくわくするだろう。

　まず 1 時間ごとに目盛りを直線で結んでみると，きれいな正十二角形ができる。その瞬間，他にも正多角形ができそうだと思う子どもがいる。

　ある程度自由に作らせてみると，文字盤の目盛りを，2 時間ごとに結ぶと正六角形，3 時間ごとに結ぶと正方形，4 時間ごとに結ぶと正三角形ができることが分かる。

　正十二角形から正三角形までのできた正多角形を順に並べてみると，あるきまりに気がつく。結んでいく時間を 2 倍にすると，正多角形の頂点の数が $\frac{1}{2}$ になるというきまりである。

　すると，多くの子どもたちに問いが生まれる。

　「もし 5 時間ごとに目盛りを直線で結ぶと，どんな正多角形ができるのかな？」

　時間が 5 倍になったのだから，正十二角形の頂点の数が $\frac{1}{5}$ になると考えると，12÷5＝2.4，なんと計算上は正2.4角形ということになる。これは不思議である。小数の正多角形とはどんな形だろうか。

　実際に 5 時間ごとに目盛りを直線で結ぶと星のような模様ができる。いわゆる星型正多角形である。この形を正多角形と言うかどうかは別として，美しい形に触れさせることは有意義である。ちなみに，6 時間ごとに目盛りを直線で結ぶと，1 本の直線になってしまう。

　板書をよく見ると，正三角形，正方形，正六角形，正十二角形と並んでいる。子どもの中には，

　「正五角形や正十角形はできないのかな？」

という問いをもつ子どもが現れるかもしれない。

　例えば，正十角形をかくにはどうすればいいのだろうか。中心角でいえば，360÷10＝36 なので 36°ずつ区切る必要がある。

このとき，時計の文字盤に分の目盛りを入れたらかけるということに気付く子どもがいる。時計の文字盤に60個の目盛りを入れると，60÷10＝6なので，6分ごとに目盛りを直線で結べば正十角形がかける。

この考えを使えば，60÷5＝12なので，12分ごとに目盛りを直線で結べば正五角形がかけることも分かる。このような子どもにとって発見が多い楽しい数学的活動を通して正多角形の性質の理解を深めることができる。

板書「正多角形と円」第4時

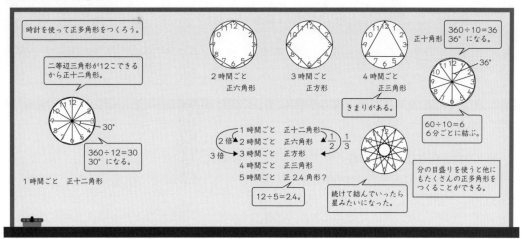

11　平均　第1時「およそ何mL？」

本時は，スーパーに売られているオレンジとグレープフルーツのイラストを5枚ずつ提示するところから始まる。スーパーの売り場の場面である。そこに1枚の張り紙があったとし，「オレンジ1個からおよそ□mLのジュースがとれます」と張り紙に書いてある文章を見せる。そして，今は消えてしまって見えないが，□にはどんな数値が入っていたのかを問題にした。

まだスーパーの売り場には，オレンジが5個売れ残っていることから，子どもからそのオレンジを実際に絞ってみればいいというアイデアが出てくることを期待する。

1つ1つオレンジを絞った値を提示すると，90 mL，70 mL，90 mL，70 mL，80 mLであった。この瞬間，

「これでは，量がばらばらだから，□に1つの数はかけないね」

と言って子どもの思考を揺さぶりたい。ここで，「いや，できます！」といった反論を期待し，考える時間をとる。

それぞれの量を，図を用いるなどしてならすことで，5つとも80 mLにする作業を丁寧に行う。そして，5つのオレンジのジュースの量をならした80 mLの値を「平均」ということを教える。

このとき，「それならグレープフルーツはどうなっているのかな？」と関心をもつ子どもが現れる。グレープフルーツの方は，「グレープフルーツ半分からおよそ50 mLのジュースがとれます」とかいてあるので問題はないが，ここで逆に「残っている4個のグレープフルーツも絞ってみるよ。それぞれのグレープフルーツから何mLのジュースがとれるかな？」と個々の量を考えさせる。

平均の意味が分かった子どもは，例えば40 mL，50 mL，60 mL，50 mLといった平均すると50 mLになるような4個のジュースの量を考えることができるだろう。

平均の意味を押さえた後に，同じ問題の文脈の中に，平均の意味を活用して個々の量を考える数学的活動を入れた点がこの授業の特徴である。

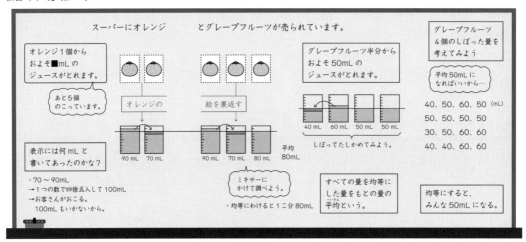

15 帯グラフと円グラフ　第5時「帯グラフを比べてみよう」

　本時は，西小学校の20年前と今の給食調べの比較を行う。子どもたちは，興味をもって特徴をよみ取ろうとするだろう。

　帯グラフをぱっと見てすぐに分かるのは，20年前も今もカレーライスが好きな子どもが多いということである。さらによく見ると，20年前はカレーライスが好きな人は全体の30％，今カレーライスが好きな人は，全体の45％だから，「カレーライスが好きな人の数が増えている」と判断してしまいそうになる。しかし，割合にあたる量は，基準となる量によって変わるので，必ずしも増えているとは限らない。この場合も，20年前は400×0.3＝120（人），今は260×0.45＝117（人）となり，逆に人数は減っていることが分かる。

　このような数学的活動を通して，帯グラフに対する理解を深めることをねらっている。

板書「帯グラフと円グラフ」第5時

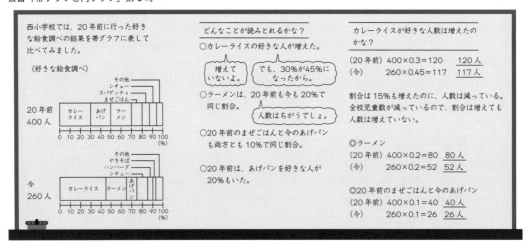

Ⅱ

第 5 学年の算数
全単元・全時間の板書

10 分数のたし算とひき算 （9時間扱い）

単元の目標

・分数の性質や異分母の分数の加法及び減法の意味について理解し，通分，約分の仕方や計算の仕方を図や式を用いて考える力を養うとともに，通分，約分の仕方や異分母の分数の加減計算の仕方を分数の性質や数学的表現を用いて考えた過程を振り返り，今後の学習に活用しようとしたりする態度を養う。

評価規準

知識・技能	①分数の性質や通分，約分の意味，異分母の分数の加法及び減法の意味について理解するとともに，通分や約分，異分母の分数の加減計算ができる。
思考・判断・表現	②単位分数に着目して，分数の相等及び大小関係や，異分母の分数の加減計算の仕方を図や式などを用いて考え表現している。
主体的に学習に取り組む態度	③通分や約分の意味や，異分母の分数の加法及び減法の計算の仕方を，図や式などを用いて考えた過程や結果を振り返り，多面的に捉え検討してよりよいものを求めて粘り強く考えたり，学習したことを今後の学習に活用しようとしたりしている。

指導計画　全9時間

次	時	主な学習活動
第1次 通分と分数のたし算，ひき算	1	異分母の分数の加減について，大きさの等しい分数を見つけて計算する。
	2	大きさの等しい分数のつくり方を考える。
	3	通分を知り，その仕方を考える。
	4	通分を使って，分数の大小を比べたり，加減計算を行ったりする。
第2次 約分と分数のたし算，ひき算	5	約分を知り，約分により同値分数をつくる。
	6	答えが約分できる場合の加減計算をする。
第3次 いろいろな分数のたし算，ひき算	7	帯分数の異分母分数の加減計算の仕方を考える。
	8	分数と小数の加減混合計算の仕方を考える。
第4次 時間と分数	9	分数を用いた時間の表し方を考える。

単元の基礎・基本と見方・考え方

子どもたちが，この単元の学習を理解していくために必要となる既習はおよそ以下のものとなっている。

①数直線に表すことで，数値が違っても同じ大きさを表す分数があるということ。

②同分母であれば，大きさを比べたり，加減計算をすることができるということ。

③公倍数や公約数を求めることができるということ。

④$\frac{a}{b} = a \div b$ となる，商分数の性質を理解していること。

これらのうち，①と②については，特に本単元における重要な基礎・基本や見方・考え方となるので，以下に触れていく。

(1)同じ大きさを表す分数をつくる

分数は，$\frac{1}{2} = \frac{2}{4} = \frac{3}{6} \cdots$ などのように，同じ大きさを表すものを幾通りもつくることができる。これは商分数について理解していれば，例えば，$1 \div 2$ と $2 \div 4$ の商は同じであり，また割られる数（被除数）と割る数（除数）に，同じ数をかけたり割ったりしても答えは変わらないという既習内容と関わっている。本単元では，そこまでの説明は求めず，数直線上から同値分数を見つけ，そこから性質（分母と分子に同じ数をかけても割っても，分数の大きさは変わらない）に結び付けていく。この同じ大きさの分数について，単元の前半での理解が，異分母分数の加減計算の土台となっていくのである。

$$\frac{1}{2}$$
$$= 1 \div 2 = 0.5$$
$$= 2 \div 4 = 0.5$$

$$\times 2 \overset{\frown}{\underset{\smile}{\begin{matrix} 1 \div 2 \\ 2 \div 4 \end{matrix}}} \times 2$$

(2) 2 つの分数を同分母にする

なぜ分母が同じであれば，分数の大きさを比較したり，計算したりできるのか。これは，分数にも単位の考え方があるためである。右のとおり，整数も小数も分数も「何か」の幾つ分という表し方をしているということである。この「何か」が単位となるが，加減計算というのは，単位が同じもの同士を計算するということがルールとなるのである。分数の場合，分子が 1 である分数が単位となる。これが，本単元において重要な見方・考え方となる。単純に，分母が違うと比べられないというだけでなく，「分母が同じなら，同じ $\frac{1}{\bigcirc}$ がそれぞれ幾つあるかで大きさがはっきりするんだね」というところを大切に扱っていくことが重要となる。

$200 + 300$ は，
100 が（$2 + 3$）こ分

$0.2 + 0.3$ は，
0.1 が（$2 + 3$）こ分

$\frac{2}{7} + \frac{3}{7}$ は，
$\frac{1}{7}$ が（$2 + 3$）こ分

本時案

分母がちがうとき はどうするの？ ①/⑨

本時の目標
・異分母の分数の加減計算について，分母を揃えることの意味を考え，説明できる。

授業の流れ

1 □L＋□Lに数を入れて 計算しよう

どのカードが簡単かな？

$\frac{1}{3} + \frac{2}{3}$

$\frac{1}{5} + \frac{2}{5}$

すぐに計算できるから

$\frac{1}{2}$と$\frac{1}{3}$だったらどうかな

もしも子どもたちが自ら「違う分母のものだったら嫌だな」などと発言した場合は，それを取り上げていくとよい。そのうえで本時は異分母であることが課題であることを明らかにしていく。

□Lの牛にゅうと、□Lの牛にゅうを、あわせると何Lですか

$\frac{1}{2}$	$\frac{1}{3}$	$\frac{2}{3}$	$\frac{1}{4}$	$\frac{3}{4}$
$\frac{1}{5}$	$\frac{2}{5}$	$\frac{3}{5}$	$\frac{1}{6}$	2つえらぶ

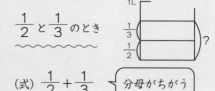

$\frac{1}{2}$と$\frac{1}{3}$のとき

（式）$\frac{1}{2} + \frac{1}{3}$ 　分母がちがう

分数をカード等で示せる場合はそうすると、動かして使えるのでわかりやすい。

2 分母が揃えばできるのに

どうして同分母だと計算できたのか振り返らせる。例えば$\frac{1}{5} + \frac{2}{5}$では$\frac{1}{5}$が（1＋2）個分といったように，単位分数の幾つ分かで捉えられるからである。つまり$\frac{1}{2}$と$\frac{1}{3}$では，基にする単位分数が違うので計算できない。そこで，$\frac{1}{2}$や$\frac{1}{3}$をその大きさを変えずに，さらに単位とする分数を揃えられないかを考えさせ，4年生で学習した分数の数直線を想起させていく。

3 数直線から見つけよう

分数の数直線を提示し，同じ単位の分数に変えられないか調べさせる。$\frac{1}{2}$と$\frac{1}{3}$のそれぞれの同じ大きさを表す分数を挙げさせ，分母6が共通することに気付かせる。本時においては，通分の仕方にまで踏み込むことはしない。

分母が揃っていることで，単位分数をもとに計算できるようになるということの理解を促すことが重要である。

10
分数のたし算と
ひき算

11
平均

12
単位量当たりの
大きさ、速さ

13
面積

14
割合

15
帯グラフと
円グラフ

16
正多角形と円

17
角柱と円柱

本時の評価

・異分母では加減計算ができないことに気付き，分母を揃えることの必要性に気付くことができたか。
・数直線を用いて，同じ大きさの分数を見つけることで，異分母分数の加減計算を求めることができたか。

準備物

・分数カード

分母がちがう分数のたし算のしかたを考えよう

・$\frac{1}{2} = 0.5$ 、$\frac{1}{3} = 0.33\cdots$

$\frac{1}{2} + \frac{1}{3} =$ およそ0.83
ちゃんと計算できない

・数直線で分数の大きさを調べる

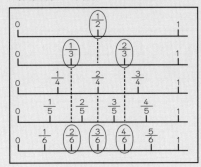

$\frac{1}{2} = \frac{2}{4} = \frac{3}{6}$ 、$\frac{1}{3} = \frac{2}{6}$

$\frac{1}{2} + \frac{1}{3} = \frac{3}{6} + \frac{2}{6} = \frac{5}{6}$

分母がそろった！

こたえ $\frac{5}{6}$ L

大きさの等しい分数を見つけ、分母をそろえると計算できる。

ひき算もできそう！

$\frac{2}{3} - \frac{1}{2} = \frac{4}{6} - \frac{3}{6} = \frac{1}{6}$

教科書の数直線図の拡大コピーを示すなどしたいが，教科書そのものを個々に見させてもよい。

---

4 ひき算でもできるよ！

たし算ができたことをもとに，ひき算（$\frac{2}{3} - \frac{1}{2}$）でもできそうかを考えさせていく。ここで大切にしたいことは，たし算と考え方は同じということである。
　たし算と同じで分母が揃えば解決できるということ，たし算もひき算も単位分数をもとにして計算をしているということを子どもの言葉で引き出すようにしていく。

まとめ

　解決するために，なぜ分数の数直線を用いることになったのかを振り返らせる。数直線は，同値分数を視覚的に見つけやすい事実を押さえていく。同値分数を見つけることで，異分母の2つの分数を同分母に変換し解決できることをまとめていく。「数直線を見ないと分からないのも面倒」などの言葉が聞こえてくれば軽く取り上げ，次時につなげていくこともできるだろう。

本時案

同じ大きさの
分数をつくるには？

本時の目標

・分数の分母と分子に同じ数をかけても，同じ数で割っても，分数の大きさは変わらないことを見出し，大きさの等しい分数のつくり方を説明することができる。

授業の流れ

1 $\frac{1}{2}$ と同じ分数はどれかな？

数直線を見て調べよう

$\frac{2}{4}$ です

$\frac{3}{6}$ です

あ、同じ分数にはきまりがあるよ！

　こういった意見が出ない場合は，「表からは $\frac{6}{12}$ まで見つかったけど，他にも見つけるにはどうしたらいいかな」などと問い，同値分数をつくるために法則を考える必要性があることにつなげていくとよい。

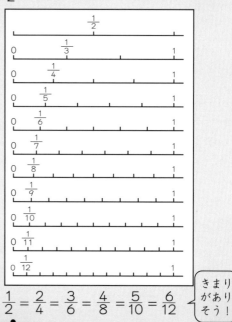

$\frac{1}{2}$ と大きさの等しい分数をさがそう。

$\frac{1}{2} = \frac{2}{4} = \frac{3}{6} = \frac{4}{8} = \frac{5}{10} = \frac{6}{12}$

きまりがありそう！

教科書の数直線図の拡大コピーを示すなどしたいが，教科書そのものを個々に見させてもよい。

2 どんなきまりがあるかな？

　分母と分子に同じ数をかけているということだけでなく，分子と分母の関係が 2 倍になっている，といった形で表現する子どももいるだろう。これはこれで取り上げてもよいが，適用で $\frac{3}{4}$ を扱う際に，これだと1.333…倍になってしまうね，などとすれば，最終的に分母と分子に同じ数をかけるという考えにまとまっていく。

3 逆に $\frac{1}{2}$ にするには？

$\frac{5}{10}$ は分子も分母も 5 で割る

$\frac{6}{12}$ は 6 で割れば $\frac{1}{2}$ になる

共通していることは？

分母と分子を同じ数で割る！

さっきはかけたけど，今度は割るんだね

10
分数のたし算と
ひき算

11
平均

12
単位量当たりの
大きさ、速さ

13
面積

14
割合

15
帯グラフと
円グラフ

16
正多角形と円

17
角柱と円柱

本時の評価

・大きさの等しい分数を見て，そのつくられ方の仕組みをとらえることができたか。
・分数の性質として大きさの等しい分数のつくり方をまとめ，実際に同値分数をつくることができたか。

準備物

・分数の数直線図

大きさの等しい分数には、どんなきまりがあるかな

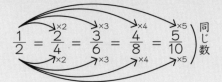

$$\frac{1}{2} = \frac{2}{4} = \frac{3}{6} = \frac{4}{8} = \frac{5}{10} \Big\} 同じ数$$

$$\frac{1}{2} = \frac{2}{4} = \frac{3}{6} = \frac{4}{8} = \frac{5}{10}$$

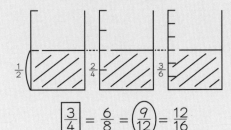

分数の分母と分子に同じ数を
かけてもわっても分数の大きさ
は変わらない

$$\frac{3}{4} = \frac{6}{8} = \frac{9}{12} = \frac{12}{16}$$

$$\frac{2}{3} = \frac{4}{6} = \frac{8}{12} = \frac{12}{18}$$

$$\frac{3}{4} と \frac{4}{6} では \frac{3}{4} の方が大きい！$$

4 同じ大きさの分数をつくろう

　適用題として，$\frac{3}{4}$ と $\frac{4}{6}$ の 2 つの分数の同値分数をつくらせていく。$\frac{4}{6}$ は，かけていくだけでなく，割ることで $\frac{2}{3}$ をつくることができる。そうすることで，$\frac{4}{6}$ からの整数倍ではつくれなかった $\frac{6}{9}$ といった分数もつくることができる。また，この 2 つの分数は，どちらも分母が12の分数になるので，大きさ比べをして，次時の通分の学習の足掛かりにしてもよいだろう。

まとめ

　同値分数の "つくり方" として，同じ数をかけたり割ったりすることができることをまとめていくが，こういった方法が使えることそのものが分数の "性質" であることを押さえておきたい。
　また，実際に 1（テープなど）を 2 つに分けた 1 つ分と，4 つに分けた 2 つ分の大きさが同じになるということを視覚的に見せるなどすると，よりこの性質が理解しやすくなる子もいる。

本時案

通分して比べよう ③/9

本時の目標
- ・通分の意味について理解できる。
- ・異分母分数の計算について通分をすることでできることを理解できる。

授業の流れ

1 どうしたら比べられるかな？

同じ分母なら比べられる

どうやって同じ分母にするの？

前に，分数の分母・分子に同じ数をかけたり割ったりできると習ったよ

$\frac{3}{5} = \frac{6}{10} = \cdots$，$\frac{1}{4} = \frac{2}{8} = \cdots$とやって同じ分母を見つけてみればいいよ

牛乳のかさを素材として，$\frac{3}{5}$ と $\frac{1}{4}$ を提示する。本時は「①どちらが」「②どれだけ」大きいかを問うていることを確認する。

まずは「①どちらが」について考えさせていく。

※また，ここで分母を揃えることを「通分する」ということを押さえる。

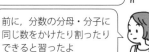

$\frac{3}{5}$L と $\frac{1}{4}$L の牛にゅうがあります

①どちらの量が大きいですか。

$\frac{3}{⑤}$ $\frac{1}{④}$ 同じ分母になおせばよい

通分する という

$$\frac{3}{5} = \frac{6}{10} = \frac{9}{15} = \frac{12}{⑳} = \frac{15}{25}$$

$$\frac{1}{4} = \frac{2}{8} = \frac{3}{12} = \frac{4}{16} = \frac{5}{⑳}$$

---

2 もっと簡単に通分できないかな？

この言葉を子どもから出るようにしたい。そのためには，分母分子を2倍，3倍としていく活動を面倒だと感じさせる必要がある。

手立てとして，本時の分母は4と5だけど，もっと複雑な数だったらどうだろうね，などと問うてみてもよい。簡単に解決したいと子どもたちが感じたところで「通分の仕方」を課題に示せば，子どもはより意欲的に活動をするだろう。

---

3 通分の仕方を考えよう

分母が4，5のときは通分すると20になっていますね

$4 \times 5 = 20$だから，分母をかけ算するといいのかな

同じ分数をつくっていったら40のときも揃いますよ

20，40ということは公倍数を求めているんだ

10
分数のたし算と
ひき算

11
平均

12
単位量当たりの
大きさ、速さ

13
面積

14
割合

15
帯グラフと
円グラフ

16
正多角形と円

17
角柱と円柱

本時の評価

・通分を知り，公倍数を用いることで通分することができることを理解できたか。
・異分母分数の計算は，通分をし分母を揃えることで計算できるようになることが理解できたか。

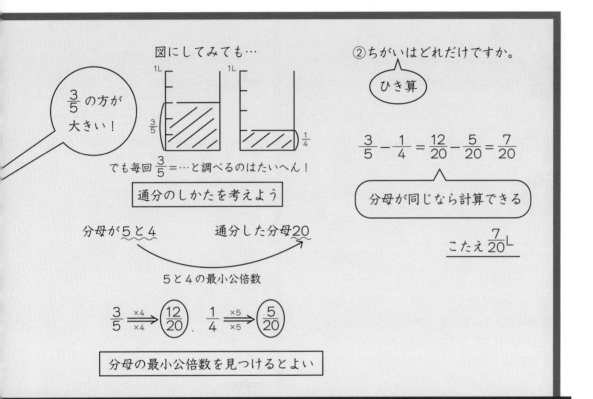

---

4 違いはどれだけになるかな？

　通分によって分母が揃っているので，ある程度簡単にこれを解決することはできるだろう。
　ここでもっとも大切なのは，「分母が揃えられたから計算できた」ということを押さえることである。
　また，その"揃える"のために，本時に学んだ通分が意味のあるものであると実感させたい。

まとめ

　本時は通分の仕方そのものを学習したが，ここで前時までを振り返ってみてもよい。そうすると見えてくるのは，本単元はここまで，一貫して(1)分母が揃わないと比べられない（計算できない），だから(2)分母を揃える方法を考えてきた，ということだ。分母を揃える方法を便利にできるようになったことで，分数の学習が広がっていることに気付かせたいものである。

本時案

分数が3つ以上のときは？

本時の目標

・分数の数が3つになっても，2つの分数の通分と同じようにできることが分かる。
・通分を用いて，分数の大きさ比べや加減計算をすることができる。

授業の流れ

1 小さい順に並べるには？

$\frac{1}{2}$, $\frac{2}{3}$, $\frac{1}{4}$

分母が揃えばわかります

通分すればいいね

数は3種類ありますよ

3つになっても通分はできるかな？

　3つの分数を提示し，小さい順に並べ替える方法を考えさせる。並べ替えるためには，それぞれの分数の大きさの違いが分かる必要がある。前時は2つの分数を比べるために，通分をしたことを想起させ，3つになった場合はどうすればいいのかを課題としていく。

$\frac{1}{2}$、　$\frac{2}{3}$、　$\frac{1}{4}$

小さい順にならべましょう。

3つの分数の通分のしかたを考えよう

2、3、4の公倍数 ⑫

$\frac{1}{2} = \frac{6}{12}$　　$\frac{2}{3} = \frac{8}{12}$　　$\frac{1}{4} = \frac{3}{12}$

こたえ　$\frac{1}{4}$ → $\frac{1}{2}$ → $\frac{2}{3}$

2 3つになっても変わらないよ

　3つの中から2つずつ取り出し，順に比べる方法もある。3ついっぺんにはできないかを話題にすることで，3つの分母の公倍数を見つけようとさせていく。
　3つ以上の数になると公倍数も必然的に大きくなっていくので，最小公倍数で通分できた方がよいということを押さえていく。

3 通分を使って練習しましょう

　等号・不等号で表す問題や，通分に取り組ませる。問題は教科書にあるものでよい。実態に応じて問題量を調整したい。
　大きさ比べの問題では，等号になるものや帯分数など多様なものに取り組ませるようにするとよい。帯分数は仮分数にしなくても，分数部分だけで比べられるといったことに気付かせていけるようにしたい。

10 分数のたし算とひき算

11 平均

12 単位量当たりの大きさ、速さ

13 面積

14 割合

15 帯グラフと円グラフ

16 正多角形と円

17 角柱と円柱

本時の評価

・分数の数が変わっても，分母の公倍数を求めれば通分できることが理解できたか。

・通分を活用し，分数の大小比較や加減計算ができたか。

◎分数が3つになっても、分母の公倍数で通分できる

練習

大きさ 比べ	$\dfrac{7}{9} < \dfrac{5}{6}$	$\dfrac{27}{24} = \dfrac{9}{8}$	$2\dfrac{3}{10} > 2\dfrac{4}{15}$
	$\left(\dfrac{14}{18}\right)\ \left(\dfrac{15}{18}\right)$	$\left(\dfrac{27}{24}\right)$	$\left(\dfrac{69}{30}\right)\ \left(\dfrac{68}{30}\right)$

通分 $\left(\dfrac{5}{3}、\dfrac{7}{4}\right) = \left(\dfrac{20}{12}、\dfrac{21}{12}\right)$ $\left(\dfrac{1}{2}、\dfrac{2}{3}、\dfrac{3}{5}\right) = \left(\dfrac{15}{30}、\dfrac{20}{30}、\dfrac{18}{30}\right)$

計算 $\dfrac{2}{3} + \dfrac{1}{4} = \dfrac{8}{12} + \dfrac{3}{12} = \dfrac{11}{12}$ $\dfrac{7}{5} + \dfrac{2}{3} = \dfrac{21}{15} + \dfrac{10}{15} = \dfrac{31}{15}$

$\dfrac{4}{5} - \dfrac{2}{3} = \dfrac{12}{15} - \dfrac{10}{15} = \dfrac{2}{15}$ $\dfrac{8}{7} - \dfrac{1}{2} = \dfrac{16}{14} - \dfrac{7}{14} = \dfrac{9}{14}$

4 計算しましょう

　通分ができるということは，分母が揃うので加減計算ができることにつながっていく。

　ただし，本時においては，約分の学習が次時となるので，計算結果が約分できる数値設定は避けるようにする。また帯分数についても後で扱うので，ここでは仮分数の範囲内にとどめるようにする。

まとめ

　3つの分数の通分に関してもっとも大切なことは，"2つの分数の通分と同じ"ということである。数が変わっても同じように考えることができるということは，算数における重要な見方・考え方である。

　また比較や計算ができた理由についても振り返るようにしたい。通分ができることの意味が子どもたちに理解できるようにしていきたい。

本時案

約分して，
小さい分母で表そう

授業の流れ

1 $\frac{1}{3} + \frac{1}{6}$ を計算しよう

通分すればできます

$\frac{6}{18} + \frac{3}{18}$ で $\frac{9}{18}$

$\frac{2}{6} + \frac{1}{6}$ で $\frac{3}{6}$

いろんな答えに
なってしまったね

　通分をし，分母を揃えれば求められることは既習である。しかし，揃えた分母によって答えの表され方が変わる。同じ大きさを表す分数であるから，答えの大きさは間違いないが，表され方がばらばらでいいのか，分かりづらくないかを話題にしていく。

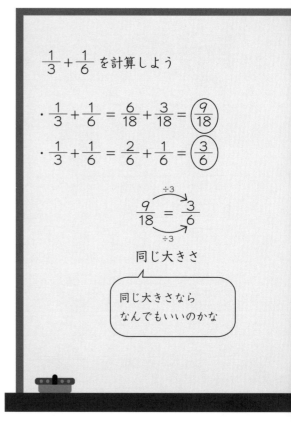

$\frac{1}{3} + \frac{1}{6}$ を計算しよう

・$\frac{1}{3} + \frac{1}{6} = \frac{6}{18} + \frac{3}{18} = \boxed{\frac{9}{18}}$

・$\frac{1}{3} + \frac{1}{6} = \frac{2}{6} + \frac{1}{6} = \boxed{\frac{3}{6}}$

$$\frac{9}{18} \overset{\div 3}{\underset{\div 3}{=}} \frac{3}{6}$$

同じ大きさ

同じ大きさなら
なんでもいいのかな

2 同じ大きさならなんでもいいの？

$\frac{3}{6}$ も $\frac{9}{18}$ も同じ大きさです

どれも正解でいいの？

計算結果はふつう小さい数
で表すようにするのです

ということは $\frac{3}{6}$ かな

もっと小さくなりそうだよ

3 約分をする，と言います

　分母の数値を小さくするために，分母分子をその公倍数で割っていくことを，「約分する」ということを指導する。約分をすることで，もとの答えが $\frac{9}{18}$ でも $\frac{3}{6}$ でも，$\frac{1}{2}$ という表し方を統一した形で表現できるようになることに気付かせたい。

本時の評価

・約分の意味を理解し，実際に約分をすることができたか。

答えの表し方を考えよう

$\dfrac{9}{18} = \dfrac{3}{6} = \dfrac{1}{2}$　いちばん分母が小さい

・$\dfrac{1}{3} + \dfrac{1}{6} = \dfrac{9}{18} = \dfrac{1}{2}$

答えはふつうできるだけ小さい分母にする

・$\dfrac{1}{3} + \dfrac{1}{6} = \dfrac{3}{6} = \dfrac{1}{2}$

分母・分子を公約数でわって分母の小さい分数にすることを約分するという

約分しましょう

$\dfrac{18}{24} = \dfrac{9}{12} = \dfrac{3}{4}$

$\dfrac{18}{24} \rightarrow \dfrac{3}{4}$

最大公約数で約分すれば1回ですむ

・$\dfrac{8}{12} = \dfrac{2}{3}$　・$\dfrac{24}{36} = \dfrac{2}{3}$

・$\dfrac{24}{16} = \dfrac{3}{2}$　・$\dfrac{90}{15} = \dfrac{6}{1} = 6$

4 約分をしましょう

　約分の練習を行う。まず，$\dfrac{18}{24}$ を出題し，この問題の約分を通して，「①約分しても，さらに約分ができることがあること」「②最大公約数で割れば，一度で約分できること」を押さえる。その他の問題にも取り組ませ，約分した結果，整数になる場合なども扱いたい。また，実際に加減計算をさせ，答えを約分させるものを扱うのもよい。

まとめ

　通分をするときに，最小公倍数を求めることが苦手な子どももいる。しかし，どんな公倍数で通分したとしても，約分をすることによって，答えの表し方も最終的に揃えることができる。また，最小公倍数で通分しても答えが約分できるケースもある。そうした点からも，計算等で分数の答えが出たときはいつでも，約分ができるかを調べるように促すことも大切である。

計算の仕方を
説明しよう

授業の流れ

1 計算をしてみましょう

$\frac{1}{6} + \frac{3}{8}$ の計算を
しましょう

$\frac{1}{6} + \frac{3}{8}$ の計算課題を出す。この計算は，通分するときに決めた分母によって，その後の答えに約分があるかが変わるものである。

　実際に計算をさせ，2種類の方法を発表させる。計算の過程は違っているが，最終的な答えは変わっていないことを確認し，まずはどちらの方法でもよいということを押さえたい。そのうえで，では計算過程がどのように違うのか，という点に視点を移していく。

$$\frac{1}{6} + \frac{3}{8} \text{ の計算をしましょう}$$

$$㋐ \quad \frac{1}{6} + \frac{3}{8} = \frac{8}{48} + \frac{18}{48} = \frac{26}{48}$$
$$= \frac{13}{24}$$

$$㋑ \quad \frac{1}{6} + \frac{3}{8} = \frac{4}{24} + \frac{9}{24} = \frac{13}{24}$$

2 通分の仕方の違いは何かな？

　2つの計算過程を比べて違うところを探ると，①通分したときの分母，②約分があったか，の2点が見つかる。2つの計算の通分の違いは分母同士をかけて公倍数にしたものと，最小公倍数を見つけたということになる。かけるだけで通分できるのは簡単であるが，と含みを残し，次の約分の話題につなげる。

3 どちらの方法がいいのかな？

㋐の通分は，かけただけなので，簡単だけど，あとで約分があるのが大変

どちらもよさと難しさがありますね

㋑は最小公倍数を考えるのは難しいけど，約分をしなくてすむ

　どちらの方法にもメリットやデメリットがあり，どの解決方法を活用するかは，子ども個々の判断でよい。

本時の評価

・通分してから計算すること，答えが約分できるときは約分するという計算の仕方について理解し，説明することができたか。

2つの計算方法を比べよう

同じ ——→ こたえは同じ

ちがう ——→ 通分する分母
　　　　　　　約分があるか

⑦は分母どうしをかける ← かけるだけなら
　　　　　　　　　　　　　かんたん
　　　　　　　　　　↓
　　　　　約分がある
　　　　　めんどう

①は最小公倍数
　　　　↓
　約分がない
　かんたん
※約分があるときもあった

まとめ

①通分をする
※通分のしかたは2通りあった

②こたえが約分
できるときはする

練習問題で2種類の解き方を再度板書し，ふり返ってもよい。

4 練習しましょう

　本時のケースに関連する分数の加減計算に取り組ませる。このとき，2種類の方法を比べたことを振り返りながら，自分はどの方法で解決をしていったか意識させたい。また，自分が使わなかった方法でも解決させたいところである。問題の数値によって，解決しやすい方法が少しずつ違うことも感じ取れるとなおよいことである。

まとめ

　2種類の計算過程を比較しながらも，どちらにも共通していることは，①通分をして分母を揃えていること，②約分があれば約分をするという意識で答えを見る，ということである。異分母分数の加減計算について，過程が違っても，分母が揃うときに計算できることや分数はできるだけ小さい数で表すようにするという考え方を改めて押さえていきたいところである。

本時案

帯分数の計算はどうするの？

授業の流れ

1 $2\frac{3}{4} - 1\frac{2}{3}$ を計算しよう

これまでとの違いは何かな

帯分数になっています

帯分数になったら，計算のしかたは変わるでしょうか

$2\frac{9}{12} - 1\frac{8}{12} = 1\frac{1}{12}$
通分して，整数と分数を別々に計算しました

$\frac{33}{12} - \frac{20}{12} = \frac{13}{12} = 1\frac{1}{12}$
仮分数にして通分しました

　大切なことは，帯分数になったら，これまでと計算方法が変わってしまうのか，ということである。ここで，真分数や仮分数のときの計算の仕方を振り返ってみるのもよい。

$2\frac{3}{4} - 1\frac{2}{3}$ を計算しましょう

<u>これまでとのちがい</u>
帯分数になっている！

分母のちがう帯分数の計算
のしかたを考えよう

㋐ $2\frac{3}{4} - 1\frac{2}{3} = 2\frac{9}{12} - 1\frac{8}{12}$

$= 1\frac{1}{12}$

整数と分数をべつべつに計算

---

2 2つの共通点は何かな？

帯分数のままか，仮分数にしたかは違います。
でも，どちらも通分はしています

どちらの方法でも通分をちゃんとすればいいということだね

　帯分数のままでも，仮分数に変えるのも正しい方法であり，どちらがよいかを比較するものでもない。いずれにせよ，必ず通分はしなくてはいけないわけで，その確認が必要である。

3 今日の学習を振り返りましょう

帯分数になっても計算できました

"ひき算"の帯分数ならできますね

たし算もできるんじゃないかな

通分することはたし算もひき算も同じだし

実際に問題を解いてたしかめてみましょう

本時の評価

・帯分数の場合，帯分数のまま通分する場合と，仮分数にしてから通分する場合があることが分かったか。

・異分母で帯分数の加減計算ができたか。

① $2\dfrac{3}{4} - 1\dfrac{2}{3} = \dfrac{11}{4} - \dfrac{5}{3}$

仮分数になおして計算

$= \dfrac{33}{12} - \dfrac{20}{12}$

$= \dfrac{13}{12}$

$1\dfrac{1}{12}$ と同じ

帯分数のまま通分しても
仮分数にかえてから通分してもよい

たし算でもできそう

たし算

$1\dfrac{3}{5} + 2\dfrac{1}{3} =$

㋐ $1\dfrac{9}{15} + 2\dfrac{5}{15} = 3\dfrac{14}{15}$

㋑ $\dfrac{8}{5} + \dfrac{7}{3}$

おなじ

$= \dfrac{24}{15} + \dfrac{35}{15} = \dfrac{59}{15}$

4 練習しましょう

　帯分数の加減計算に取り組ませる。授業内では扱われていない，答えが約分できるものにも取り組ませてもよいだろう。また分数部分が引けないから整数部分から繰り下げて引く計算などもある。実態を考慮しながら適宜取り扱っていくようにする。

まとめ

　仮分数に直す必要がないなら帯分数のまま計算する方が簡単と思う子どもが多く出てくるだろう。しかし，仮分数の方が整数部分がなくて見やすいという子もいる。また整数部分から繰り下げるような問題の場合は，それなら初めから仮分数に，と考える場合もあるだろう。理想として，どちらの解き方も理解していることが大切になっていく。

10 分数のたし算とひき算

11 平均

12 単位量当たりの大きさ、速さ

13 面積

14 割合

15 帯グラフと円グラフ

16 正多角形と円

17 角柱と円柱

本時案

分数と小数が混ざった場合は？

本時の目標

・分数と小数の加減混合計算について，数の表し方に着目して考え，説明することができる。

授業の流れ

1 $\frac{2}{5}$ ＋0.3を計算しましょう

これまでとの違いはあるかな

分数と小数が混ざっています

前回までは分数どうしでしたね

分数どうしならできるのに

小数どうしでもできるのに

　前時との違いを確認することで，分数や小数を変換してどちらかに揃えることで解決できそうだと見通しをもたせていく。

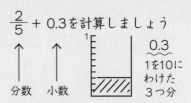

$\frac{2}{5}$ ＋0.3を計算しましょう

分数　小数　　　0.3
1を10にわけた3つ分

分数と小数が混ざった
計算の仕方を考えよう

㋐ $\frac{2}{5}$ ＋0.3 ＝ $\frac{2}{5}$ ＋ $\frac{3}{10}$ （分数になおす）

$= \frac{4}{10} + \frac{3}{10} = \frac{7}{10}$

㋑ $\frac{2}{5}$ ＋0.3 ＝0.4＋0.3＝0.7

（$\frac{2}{5}$ ＝2÷5＝0.4）（小数になおす）

2 どちらの答えも合っているかな？

$\frac{2}{5}$ ＋ $\frac{3}{10}$ にして $\frac{7}{10}$

0.4＋0.3にして0.7

2種類の答えになってしまったね

$\frac{7}{10}$ ＝0.7だから，表し方が違うだけで同じ答えです

同じなら，分数でも小数でもよさそうだね

3 $\frac{2}{3}$ ＝0.666…になっちゃう

　0.5＋ $\frac{2}{3}$ を，分数，小数それぞれに揃える方法で計算をさせる。分数にする場合は解決できるが，小数にする場合は答えが出せない。ここでいつでも使える方法はどちらなのか，という話題を投げかける。小数にする場合は割り切れない場合があるので，分数に直すのがよいとまとまっていく。

10 分数のたし算とひき算

11 平均

12 単位量当たりの大きさ、速さ

13 面積

14 割合

15 帯グラフと円グラフ

16 正多角形と円

17 角柱と円柱

本時の評価

・分数と小数の加減混合計算では，そのどちらかに表し方を揃えることで計算できることが分かったか。

・小数に直すことができない場合があることが分かり，分数に直す場合がいつでも使える方法となることを理解できたか。

$0.5 + \dfrac{2}{3}$ では？

㋐分数になおす

$0.5 + \dfrac{2}{3} = \dfrac{1}{2} + \dfrac{2}{3} = \dfrac{3}{6} + \dfrac{4}{6} = \dfrac{7}{6}$

㋑小数になおす

$0.5 + \dfrac{2}{3} = 0.5 + \underset{\text{わり切れない}}{\underline{0.66\cdots\cdots}}$

小数を分数になおせばいつでも計算することができる

練習

① $0.6 + \dfrac{4}{5}$

$= \dfrac{6}{10} + \dfrac{8}{10} = \dfrac{14}{10} = \dfrac{7}{5}$

② $\dfrac{3}{10} - 0.21 = \dfrac{30}{100} - \dfrac{21}{100} = \dfrac{9}{100}$

↓ 0.3にする方がかんたん

$0.3 - 0.21 = 0.09$

③ $\dfrac{1}{3} + 0.75 = \dfrac{1}{3} + \dfrac{3}{4}$

$= \dfrac{4}{12} + \dfrac{9}{12} = \dfrac{13}{12}$

↓ 小数にできない

---

4 練習しましょう

　分数と小数の加減混合計算に取り組ませる。いつでも使える方法として分数に直す方法でまとめてはいるが，$\dfrac{3}{10}$ などは0.3に容易に直せるなど，小数にした方が簡単という場合もある。そういった場合は小数にしてもよいことを伝えていく。

まとめ

　実態にもよるが，必ずしも分数に直す方法のみをまとめにする必要はない。4の練習の場面でも示したが，数によっては小数に直す方が簡単な場合もある。2種の解き方が数値や場面によって使い分けられるのが理想であるが，苦手意識のある子どもには，分数にする方法をまずは定着させていくというのがよいだろう。

本時案

時間を分数で表そう

本時の目標
・分数を用いた時間の表し方を理解することができる。

授業の流れ

1 1時間より短い時間を□時間で表すには？

1より小さい大きさを分数や小数を使って表してきた経験を思いだそう

45分は1時間より短い。その事実をふまえたうえで，これを「時間」という単位で表そうとしていることを押さえる。そうすることで，子どもにとって小数や分数を使って表すことに必要感をもたせることができる。本時の学習は，割合の要素を含んでおり難しいと感じる子どももいる。数値だけでなく，教授用時計を用いるなど視覚的にも分かるように手立てをとれるとよい。

45分は何時間ですか。

1時間より短い ⇒ 小数・分数

分数 $\dfrac{45}{60}$ 時間

1時間は60分

小数 $45 \div 60 = 0.75$
$\underline{0.75\text{時間}}$

わり切れないときは小数で表すことができない

2 小数に表すことができない場合があったね

1時間は60分であることを生かし，$\dfrac{45}{60}$ や0.75といった数が出てくると考えられる。前時の小数と分数が混ざった計算を想起させ，小数の場合は割り切れない場合があるので，ここでもいつでも使える分数で表すのがよいのでは，と考えさせ，この後は分数で表す場合に絞って考えさせていく。

3 等分した数によっていろいろに解決できるね

15分の場合，先ほどのように $\dfrac{15}{60}$ と求めることもできるが，時計の文字盤上にある数が12までであることを使って $\dfrac{3}{12}$ と表すこともできる。15分が時計の $\dfrac{1}{4}$ の位置にあることが見える子もいるかもしれないし，教師からそれを提示してもよいだろう。約分をしてどれも $\dfrac{1}{4}$ になることから，どれも正解であることを確認する。

10 分数のたし算とひき算
11 平均
12 単位量当たりの大きさ、速さ
13 面積
14 割合
15 帯グラフと円グラフ
16 正多角形と円
17 角柱と円柱

本時の評価

・1時間や1分を○等分した△個分を $\frac{△}{○}$ 時間（分）として表すことができたか。

時間を分数で表そう

・15分は？

㋐ $\frac{15}{60}$ 時間

㋑ $\frac{3}{12}$ 時間

12目盛りの3つめ

㋒ $\frac{1}{4}$ 時間

15

4等分した1つ

$\frac{15}{60} = \frac{3}{12} = \frac{1}{4}$

÷3

÷15

㋐ ＝ ㋑ ＝ ㋒

1時間を何等分かして
その何こ分かで表すとよい

練習

① 40秒 ＝ $\boxed{\frac{2}{3}}$ 分

② 90分 ＝ $\boxed{\frac{3}{2}}$ 時間

4 練習しましょう

　例としては，40秒と90分を取り上げている。40秒は「秒」を「分」で表す場合で，ここまでで学習した「時間」で表す考えと同様にできることを押さえたい。また90分については，答えが仮分数になる場合である。これは1時間より長いものであり，どんな場合でも分数を用いて表すことができることを押さえたい。

まとめ

　本時で子どもたちに意識をさせたいのは，1時間という時間を何等分にしたのか，ということである。何等分にしたのかが分母となり，そのいくつ分が分子である。分数は1を何等分かにしたいくつ分かを表すことを学んでいる。これに立ち返り，1時間（60分）を1としたときを考えているのだと，これまでの分数の学びにつなげて理解を促したいものである。

11 平均 （6時間扱い）

単元の目標

・測定値の平均の意味について理解し，問題解決に平均を活用することができる。

評価規準

知識・技能	①測定した結果をならすことで平均の意味を知り，平均を用いて妥当な数値として示すことができることを理解する。 ②平均を求めたり，平均から総量を求めたりすることができる。
思考・判断・表現	③妥当な測定値を求めるために，平均を活用することを考えることができる。
主体的に学習に 取り組む態度	④平均を用いるよさに気付き，進んで生活や学習に生かすことができる。

指導計画 全6時間

次	時	主な学習活動
第1次 平均の意味と求め方	1	測定値の平均の意味と求め方を理解する。
	2	平均から総量を求めることができる。
	3	0があるときの平均の求め方を理解する。また，平均では，分離量でも小数で表す場合があることを理解する。
第2次 平均の習熟と活用	4	測定値の平均を活用する。
	5	仮の平均を用いて平均を求める。
	6	平均の求め方の誤りについて考える。

(1)平均についての基礎・基本

平均は，子どもが形式的に処理できるだけではなく，その意味を理解し，活用することができることが大切である。

測定した結果を平均する方法については，多いところから少ないところへ動かしてならす方法がある。また，すべてを足し合わせてから等分する方法がある。これらの方法を子どもに考えさせて，その操作を平均の意味と関連付けて指導することが大切である。

そして，測定には必ず誤差があることに気付かせ，その誤差に配慮した測定値を考えるようにする。一般に，1つのものの測定値としていくつかの値があったとき，それらを同じ大きさにならすことで，より妥当な数値が得られる場合がある。そのような問題場面で，測定値を平均する考えを子どもから引き出すことが大切である。

例えば，歩測によってある長さを調べる場合，何度か歩いて歩数を記録し，これを平均して距離を算出する。その際，あまりにもかけ離れた値や予想外の値があった場合は，そのわけを調べ，場合によってはその値を除いて平均を求めることも考えられる。

測定値を用いて計算するときには，答えの数の桁数を，測定値の桁数より多く出してもあまり意味がないので，元の測定値の桁数程度にとどめるようにする。

(2)平均についての見方・考え方

対象を測定した場合に，適当な計器を用いて正しく測ったとしても，測るたびに値がずれたり，人によって値が異なったりすることがある。いわゆる誤差が生じるのである。

ただ，それらの値は，真の値に近い値であることから，いくつかの測定値を平均することで，より真の値に近い信頼できる値を求めることができる。平均の学習では，このような見方・考え方を大切にし，子ども達が進んで生活や学習に活用することができるようにする。

本稿では，仮の平均の考えについて取り上げている。仮の平均の考えとは，ある数値との差分に着目して平均を求める考えである。数値の大きな資料の平均を求める際などに活用させるとよい。

10 分数のたし算とひき算

11 平均

12 単位量当たりの大きさ、速さ

13 面積

14 割合

15 帯グラフと円グラフ

16 正多角形と円

17 角柱と円柱

本時案

およそ何 mL？

・ならすことを図で表現して，測定値の平均の
意味を理解することができる。

授業の流れ

1 およそ何 mL とれるかな？

およそ何 mL か，どうすればわかるかな？

オレンジをしぼって
みたらどうかな？

　場面はスーパーのオレンジとグレープフルー
ツの売り場。オレンジ売り場には，「1 個から
およそ■ mL のジュースが取れます」という表
示があるが，数値のところが見えない。そこ
で，表示の数値は一体いくつなのかを考える。
　残りのオレンジをミキサーにかけて，実際に
何 mL とれるか測ってみるが，それぞれの量が
ばらばらになった。さて，どう考えればよいの
だろうか。

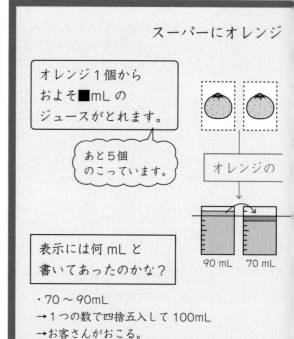

スーパーにオレンジ

オレンジ 1 個から
およそ■mL の
ジュースがとれます。

あと 5 個
のこっています。

オレンジの

表示には何 mL と
書いてあったのかな？

・70 〜 90mL
→ 1 つの数で四捨五入して 100mL
→お客さんがおこる。
　100mL もいかないから。

90 mL　　70 mL

---

2 これでは，表示に 1 つの量を
書くことはできないね（揺さぶり）

70〜90 mL とすればいい

四捨五入して100 mL
はどうかな？

お客さんはそれで納得するかな？

　子どもは平均を知らないのだから，既習の知
識を働かせて考えてくる。上記のような反応に
対しては，問題場面に戻って考察させることで
修正を促していく。

---

3 均等にすればいいと思う

均等ってどう
いうこと？

90 mL から 70 mL に 10 mL あ
げて，80 mL にするでしょ
……（図を用いて説明する）

　オレンジの絵が描いてある長方形の用紙をミ
キサーにかける（一旦封筒に入れて出す）と，
100 mL マスに入ったジュースが出てくる（用
紙の裏に書かれている）。その図を使ってなら
すことを表現させる。

10	分数のたし算とひき算
11	平均
12	単位量当たりの大きさ、速さ
13	面積
14	割合
15	帯グラフと円グラフ
16	正多角形と円
17	角柱と円柱

本時の評価

・測定した量をならすことを，図を用いて説明することができ，平均の意味を理解することができる。

準備物

・100mL マスに入ったジュースの図（裏面には，オレンジ，グレープフルーツのイラスト）

とグレープフルーツが売られています。

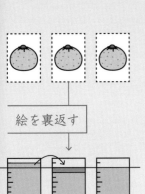

絵を裏返す

90 mL　70 mL　80 mL

平均 80mL

ミキサーにかけて調べよう。

・均等にわけると1こ分80mL

グレープフルーツ半分からおよそ50mL のジュースがとれます。

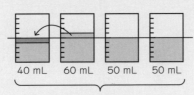

40 mL　60 mL　50 mL　50 mL

しぼってたしかめてみよう。

すべての量を均等にした量をもとの量の平均（へいきん）という。

グレープフルーツ4個のしぼった量を考えてみよう

平均50mL になればいいから…

40、50、60、50 (mL)
50、50、50、50
30、50、60、60
40、40、60、60

均等にすると、みんな50mL になる。

---

4 グレープフルーツは考えないの？

およそ50mL と書いてあるけど，それぞれのジュースの量を想像してみよう

40, 50, 60, 50 mL かな？

　子どもから新しい課題を見つけてほしいという願いで，グレープフルーツの場面を作っておいた。平均値は既に表示されているので，逆にそれぞれの測定値を想像する展開にして，学びを深める工夫である。

まとめ

　5年生では，測定値をならすことで平均を学ぶ。したがって，本授業は測定した量をならす発想を子どもから引き出すことと，測定した量をならすことを全員が図で表現して説明できることをねらいとしている。

　「ならす」という言葉は，子どもが日常生活で使用する言葉ではないので，気を付けて指導する必要がある。

子ども会で
ジュースを作ろう

2/6

授業の流れ

1 子ども会でオレンジジュースとグレープフルーツジュースを作るよ

昨日のスーパーから，オレンジ30個，グレープフルーツを40個買ってきました

子ども会は，何人いるの？

一人分は何mLにするの？

子ども会には，10人出席します。一人分は200mLにしましょう

日常生活に関連した問題を扱うことで，子どもたちの意欲を喚起する。

また，前時のスーパーの場面を使うことで，問題の条件を捉えやすいようにしている。

次の日の朝、スーパーに行くと、オレンジが30個、グレープフルーツ（半分）が40個ありました。

子ども会でオレンジジュースとグレープフルーツジュースを作ります。

何人でやるの？

1人200mLは飲むよね。

◎10人でやります。

◎200×10＝2000
2000mLは必要。

---

2 オレンジ30個で足りるのかな？

どういうこと？

10人分のジュース200×10＝2000
2000mLもジュースがとれるのかな？

オレンジ1個から平均80mLジュースがとれるよね

平均80mLだから，30個で，80×30＝2400　2400mLとれるよ。大丈夫，たりそうだよ

3 グレープフルーツジュースは？

グレープフルーツジュースは，半分から平均50mLとれるから，50×40＝2000ちょうど2000mLだ

ぎりぎりかもしれないね

前時の場面で確認した，オレンジ1個から平均80mL，グレープフルーツ半分から平均50mLのジュースがとれるという条件を使って解決する。

本時の評価

・平均を用いて全体の総量を求めることができ，どうしてその計算でよいのかを説明することができたか。

オレンジ30個で足りるかな？

1個分が80mL と考えられるから
$80 \times 30 = 2400$
約2400mL とれるから足りる。

平均＝合計÷個数
合計＝平均×個数

グレープフルーツも足りるね！

グレープフルーツ40個でも足りるかな？

グレープフルーツ1個 50mL
と考えると、
$50 \times 40 = 2000$
約2000mL だから足りる。

全体の量は、平均を使って予想することができる。
平均×個数で求めることができる。

---

4 全体の量を予想するには、どんな計算をすればいいのかな？

平均×個数をすれば、全体のおよその量がわかります

どうしてその計算になるの？

1個当たりの量（平均）が分かれば、あとはそれが何個分あるかを考えればいいから

平均を用いた計算で、全体量を予想できることをまとめておく。

まとめ

前時に「ならす」ことによる平均の意味や平均の計算の仕方を学習している。

本時は，平均を用いて全体の量を求める方法や意味について学習する。

日常生活の場面から全体の量を考える必要感をもたせ，自然に平均を用いて計算する姿を引き出したい。

そして，問題解決することで，平均のよさを感得させるのである。

本時案

0は平均の計算に入れるの？

本時の目標

・0があるときの平均の求め方を理解する。
・平均では，分離量でも小数で表す場合があることを知る。また，目的によって特殊な値を除いて平均を求める場合があることを知る。

授業の流れ

1 たかおさんは，いろいろなスポーツにチャレンジし，自分の今の力を記録しておこうと考えました

 二重とびを5回やった記録です。バスケットボールの試合を5試合行ったときの得点もありますよ

どうすれば，すっきりと今の自分の力を記録しておけるかな

平均を出して1つの数にしておけばすっきりしていいと思います

なるほど！

　導入で平均を求めようという姿を引き出す。たくさんの記録を残すより，1つの数値にしておいた方がすっきりと捉えやすいという発想を引き出す。

たかおさんは、いろいろなスポーツにチャレンジし、自分の今の力を知りたいと考えています。

◎二重とびを5回やったときの回数。

18、25、30、10、11

平均を出せば、自分の力がわかりやすいよ！

平均では、いつもは小数で表さないものも、小数で表すことがあります。

$(18+25+30+10+11) \div 5 = 18.8$

平均 18.8回

---

2 二重とびの平均は？

 $(18+25+30+10+11) \div 5$
$=18.8$
平均18.8回

小数で表していいのかな？

 平均は，いつもは小数で表さない数も小数で表すことがあります。今回の場合だと，およそ19回に近いということが読み取れます

3 バスケットボールの得点の平均はいくつかな？

 $(5+4+1+6) \div 4 = 4$

 $(5+4+0+1+6) \div 5 = 3.2$

どちらが平均なのかな？

0点も事実だよ

 0点を入れなかったら，4試合の平均になっちゃうよ

　上記のように，場面にもどって議論し，0も入れて平均を求めることを理解させる。

10 分数のたし算とひき算

11 平均

12 単位量当たりの大きさ、速さ

13 面積

14 割合

15 帯グラフと円グラフ

16 正多角形と円

17 角柱と円柱

本時の評価

・平均を求めるときの，データの０や特殊な数値の扱いについて，場面や目的に応じて考察し，平均を求めることができたか。

・普通は小数で表せないものも，平均では小数で表すことがあることがわかるか。

◎バスケットボールを５試合したときの得点数。

| 5、 4、 0、 1、 6 |

０は平均の計算に入れるの？

入れない場合
$(5 + 4 + 1 + 6) \div 4 = 4$

これでは本当の力を表していない

$(5 + 4 + 0 + 1 + 6) \div 5 = 3.2$
０点も事実だから、計算に入れた方がよい。

平均 3.2 点

◎50m 走を５回やった記録

| 8.7 | 14.7 | 8.6 | 8.8 | 8.7 |

$(8.7 + 14.7 + 8.6 + 8.8 + 8.7) \div 5 = 9.9$

平均９秒９

ころんだのかな？

14.7はどうして？

14.7 は入れるの？

・ころんだのは特別だから計算に入れない。
・入れたら本当の力を表さない。

$(8.7 + 8.6 + 8.8 + 8.7) \div 4 = 8.7$

平均 8.7 秒

4 50 m 走のタイムはどうかな？

えっ，14.7秒は遅いよ

このときは，転んだみたいだね

自分の力を知りたいので，転んだ記録は特別だから入れない方がいいよ

目的によっては，とびぬけた数値は含めないで平均を出すことがあることを教える。

まとめ

　平均を用いれば，１つの数値で記録を捉えることができるという考えから平均を計算していく。

　その際，データの０の扱い，小数の平均値の扱い，データの特殊な数値の扱いについて，場面や目的に照らして考察することが本時のねらいである。

本時案

目指せ！ プロの審判9.15 m は何歩？

本時の目標

・測定値の平均の意味や活用場面，よさについて理解することができる。

授業の流れ

1 これは何をやっているのかな？（VTR を見せる）

サッカーだ

審判が歩幅で長さを測っているよ

そうですね。ファウルがあった場所からフリーキックをける時に，敵チームの選手が立っていい場所を決めています。ちょうど9.15 m なんですよ

えー，歩幅でそんなの正確に測れるの？

サッカーの試合で審判はフリーキックの際の相手チームの立ち位置を歩測して決める。その様子を見せて，歩測について興味関心をもたせる。

これは何をしているのかな？

○ファウルがあった時に、ペナルティーキックをけるところから、決まったきょりだけ、相手チームは、はなれる必要がある。
そのきょりを歩はばではかっている。

なんと 9.15m をはかっている！

サッカーの審判に挑戦！
9.15mを歩はばでとろう！

・ただし、9.15m は示さない。

---

2 やってみたい！歩幅でできるかな？

では，9.15 m を歩幅でとることに挑戦だね。ただし，9.15 m は示さないよ

えー，じゃあどうするの？

1歩分の歩幅が分かればいいんだ

9.15 m を示さないところがポイント。1歩分の長さに目を向けさせる。

---

3 1歩の歩幅をどうやって求める？

定規で測ればいいよ。1歩は50 cm だ。もう1回やってみよう，45 cm…。結構違いが出るよ

9.15 m は，自然に歩いて測っているよ

じゃあ，10歩ぐらい自然に歩いて，平均を求めればいいと思います

審判が9.15 m を連続して歩いて測る様子から，何歩か歩き平均を求める発想を引き出す。

---

10 分数のたし算とひき算

11 平均

12 単位量当たりの大きさ、速さ

13 面積

14 割合

15 帯グラフと円グラフ

16 正多角形と円

17 角柱と円柱

本時の評価

・自分の歩幅を10歩の長さの平均から求め，9.15 m を測るには何歩でいけるか計算で求めることができたか。

どうやって歩はばで 9.15m とるの？

・自分の1歩の歩はばをはかる。

・10歩ぐらい歩いて長さを調べて1歩の平均の長さを調べる。

1歩の長さをどうやって調べるの？

(cm)

(座席表)					
48	45	48	47	47	45
51	50	49	53	46	51
53	47	51	52	52	48
46	54	51	53	49	47
50	51	48	49	56	50

小数第一位を四捨五入。

9.15m は何歩でいける？

・915÷50＝18.3
　　　18歩と少し

・915÷48＝19.0625
　　　約 19歩

◎歩はばを使って運動場や体育館の長さをはかってみたい。

◎駅までのきょりは？

---

4 10歩の長さを巻き尺で測って，1歩あたりの平均を出してみよう。出したら，黒板の自分の座席の場所に書いてね。

50 cm だ。ということは，915÷50＝18.3だから，18歩と少しだ

私は48 cm。915÷48＝19.0625　約19歩だよ

自分の1歩の歩幅を平均を用いて求める。そして，915÷（自分の歩幅）を計算したら何歩で9.15 m とれるかがわかる。

まとめ

　平均の考えを用いて歩幅を求めるために10歩分の長さを測る際には，つま先の位置から10歩目のつま先の位置までの長さを測るなど，約束をしてなるべく正確に測るようにする。

　計算をして，何歩で9.15 m とれるかがわかったら，子どもたちはやりたくて仕方がなくなる。平均のよさを実感することができる。

本時案

仮の平均を使って

本時の目標

・仮の平均の考えを用いた平均の求め方の意味を理解することができる。

授業の流れ

1 東小学校は学年に1クラスずつあります。各クラスの人数の平均を求めるのに，次のように計算しました。（板書）

学年	1年	2年	3年	4年	5年	6年
人数(人)	30	34	36	32	31	35

 どういう意味？

 どうしてこの計算で平均が求まるの？

　子どもにとって，平均を求める不思議な計算を見せて，問いをもたせる。

東小学校のクラスの人数です。

学年	1年	2年	3年	4年	5年	6年
人数(人)	30	34	36	32	31	35

Aさんは、1クラスの平均の人数を求めるのに次のように計算しました。

$$(0+4+6+2+1+5) \div 6 = 3$$
$$30+3 = 33$$

平均 33 人

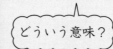 どういう意味？

---

2 0，4，6，2，1，5は，クラスの人数から30を引いた数だよ

その数の平均が3ということだよね

そうか，30人はどのクラスも同じだから，30人より多い部分の人数をならしたんだ

　式を見て，意味がわかるところから探っていくようにする。

---

3 どういう意味？

図をかいたら分かると思います

（図をかいて）30人より多い部分をならすと（平均を求めると），このように3人になります。この3人に，各クラスのそろっている30人をたすと，平均になります

　言葉の説明だけでわからない場合は，図に表して説明しようとすることが大切である。

・仮の平均の考えを用いた平均の求め方の意味を，図を用いて説明をすることができたか。

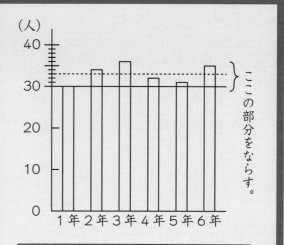

どうして、この計算で平均を求めることができるの？

0、4、6、2、1、5は、クラスの人数から30をひいた数。

それらの数をならすと、1クラス3人になる。⇒ 仮の平均

この3人をそろっている30人に足すと、クラスの平均人数が求められる。

きりのよい数を基準にして、仮の平均を使って平均を求めることができる。

4 この平均のやり方はわかった？
このやり方のいいところは？

きりのいい30人を引いています

数が小さいから計算が簡単です

仮の平均を用いた考えの方法やよさについてまとめるようにする。

まとめ

　本時は，仮の平均の考えを扱っている。仮の平均の考えとは，ある数値を基準として定め，その数値との差分に着目して平均を求める考えである。

　本時では，意味のわかりやすさを優先して数値は大きくないが，実際の活用場面では，数値の大きな資料の平均を求める場に活用できるようにしたい。

10 分数のたし算とひき算

11 平均

12 単位量当たりの大きさ、速さ

13 面積

14 割合

15 帯グラフと円グラフ

16 正多角形と円

17 角柱と円柱

本時案

1個いくらで
売ればいいのかな？

・じゃがいもの値段を考えることを通して，平均の意味の理解を深めることができる。

授業の流れ

1 八百屋で大小2種類の大きさのじゃがいもを売っています。途中から全て同じ値段で売ることにしました。いくらにすれば同じ売上になるかな？

これは簡単です。2つの値段の平均を求めればいい

そうだね。(60＋40)÷2＝50　50円です

　最初は大と小それぞれの個数を示さないことがポイント。そうすると，平均を求める子どもが多いだろう。もちろん，「何個ずつ？」と質問してくる子どもがいたら素晴らしい。

八百屋で大小2種類の
大きさのじゃがいもを売っていました。
大…60円 　小…40円

とちゅうから、全て同じねだんで売ることにしました。
いくらにすれば、売り上げを同じにできますか。

(60＋40) ÷2＝50
50円が平均なので、1個50円で売る。

何こずつのこっているの？

数がちがうと売り上げは変わるよ

2 えっ？
本当にこれでいいのかな？

大と小は何個ずつあるの？

いい質問だね。大は4個，小は1個です

大4個を50円で売ったら，売り上げが減るんじゃない？

　個数を気にすることや，大が4個，小が1個だと，売り上げが減ってしまうという感覚を大切にしたい。

3 確かめてみようよ

60×4＋40×1＝280　本来の売り上げは280円。50×5＝250　250円だからやっぱり売り上げは減っちゃうよ

280÷5＝56　平均は56円だから，56円で売れば大丈夫

　まずは，計算で確かめてみる。そして，合計金額から正しい平均の値段を求めることもできる。

本時の評価

・どうして60円と40円の平均の50円で売ると売り上げが減ってしまうのかについて，式や図をもとに理解し，説明をすることができたか。

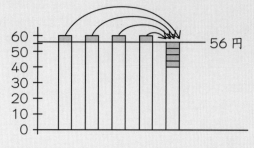

じゃがいもの個数

大…4個

小…1個

◎調べてみよう。

・60×4＋40×1＝280

・50×5＝250

　　280－250＝30

売り上げは30円
へってしまう！

1個いくらで売ればいいの？

→ 280÷5＝56

　56円で売れば、売り上げは変わらない。

5個のじゃがいものねだんの平均は56円。

56円

大と小のじゃがいもが1個ずつとか同じ数
だったら1個50円が平均になる。

4 どうして50円じゃなかったの？

大と小の数が違うから

図にかいてみようよ

そうだね。ノートに図に
かいて考えてみよう

　どうして60円と40円の平均の50円が全体の平均にならなかったのかを，図を用いて理解することが大切である。

まとめ

　60円と40円の値段の平均50円は，それぞれのじゃがいもの数を考慮しなかったので，全てのじゃがいもの平均を表していない。このことを，式や図を用いて説明し，理解することが本時のねらいである。

　大と小のじゃがいもの数が同数なら平均は50円になることを，図をもとに発展的に考えることもできる。

10 分数のたし算とひき算

11 平均

12 単位量当たりの大きさ、速さ

13 面積

14 割合

15 帯グラフと円グラフ

16 正多角形と円

17 角柱と円柱

12 単位量あたりの大きさ，速さ

（10時間扱い）

単元の目標

- 異種の2量の割合の比べ方について考えることができる。
- 単位量当たりの大きさを用いた比べ方について，図や式を用いて考えることができる。
- 異種の2量の割合の比べ方を，今後の生活や学習に活用しようとしたりする態度を養う。

評価規準

知識・技能	①異種の2量の割合の比べ方について，片方の量を揃えることで，もう片方の量で比べることができる。
思考・判断・表現	②異種の2量の数量の関係に着目し，目的に応じて大きさを変え，比べる方法を図や式などを用いて考えることができる。また，多様な比べ方の共通点を考え，異種の2量の割合の比べ方についてまとめることができる。
主体的に学習に取り組む態度	③異種の2量の割合の比べ方の意味や表し方を，図や式などを用いて考え，考えた過程や結果を振り返り，汎用性のある異種の2量の割合の比べ方について考えようとする。

指導計画　全10時間

次	時	主な学習活動
第1次 異種の2量の割合の比べ方	1	「混み具合を考える」という場面を通して，異種の2量の割合の比べ方について考える。
	2	異種の2量の割合の比べ方について，共通する重要な考え方を見つける。
	3	「人口密度」を考えることを通して，単位量あたりの大きさを使った比べ方の汎用性について理解する。
	4	いろいろな異種の2量の割合「お米の収穫量」
第2次 速さ	5	速さが異種の2量の割合の一つであることについて理解する。
	6	速さが単位量あたりの大きさで表せることを理解する。
	7	速さと時間から，道のりを考える。
	8	速さ，道のり，時間の関係性をまとめる。
第3次 活用	9	日常にある単位量あたりの大きさの利用①。
	10	日常にある単位量あたりの大きさの利用②。

「均質化」と「比例の仮定」

　異種の2量の割合の比べ方を考える際，前提となるのは，均質化と比例の仮定の2つである。

　均質化とは，ならして考えることである。例えば，下の図のように，「同じ6m²の広さのAとBのレジャーシートに，どちらも6人がいるとき，どちらのレジャーシートが混んでいると言えるのか？」ということを考える際，Bのレジャーシートにいる人をならして考えることで，「同じ混み具合」と考えることができる。

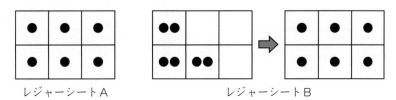

　均質化することで，異種の2量に比例関係を認めることができる。先のBのレジャーシートの場合であれば，「レジャーシートの面積を1.5倍にしたとすると，人数も1.5倍にしてよいか？」ということが問題になる。6m²を1.5倍にして9m²にした場合，人数が偏っていると，面積と人数に比例関係を認めることができない。しかし，均質化することで，「面積が1.5倍になるならば，人数も1.5倍と考える」ということが可能となる。

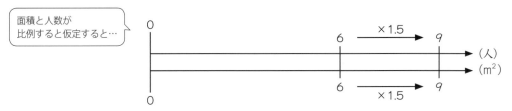

　均質化をすると，面積を減らしていく場合にも比例を仮定することができる。そうすると，単位量当たりの大きさを求めることができる。Bのレジャーシートであれば，「面積と人数が比例すると仮定すると，面積を÷6するならば，人数も÷6することができる」と考え，単位量当たりの大きさを求めることが可能になるのである。

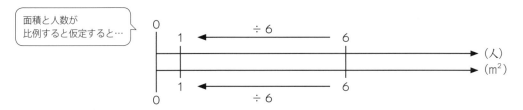

10 分数のたし算とひき算

11 平均

12 単位量当たりの大きさ、速さ

13 面積

14 割合

15 帯グラフと円グラフ

16 正多角形と円

17 角柱と円柱

本時案

比べ方を
考えよう①

本時の目標

・面積と人数のどちらも揃っていないときの，混み具合の比べ方について考えることができる。

授業の流れ

1 同じ 2 m² のレジャーシートに，それぞれ 2 人いる場合は，どちらが混んでいると言えますか？

右のレジャーシートが混んでいるように思えるけれど，移動させれば同じになるよ

そうなんです。人をならして考えれば，同じように混んでいることになりますね。混んでいるかどうかを考えるときは，こうやって人をならして考えます

導入で，面積と人数が同じ場合は人をならして考えて，混み具合は同じとみることを押さえる。

どちらのレジャーシートが混んでいるかな？

2 m²に 2 人　　2 m²に 2 人

動かしてみると同じ！

ならす

同じ面積で同じ人数だから同じ

---

2 面積（人数）が揃っている場合は，どうやって比べますか？

A と B のレジャーシートは面積が 6 m² で同じだから，人数で比べて，人数が多い A が混んでいます

B と C のレジャーシートは人数が 6 人で同じだから，面積で比べて，面積が狭い C が混んでいます

---

3 面積も人数も揃っていない場合は，どうやって比べる？

2 で，面積が揃っている場合，人数が揃っている場合を考え，「面積か人数のどちらかが揃っている場合は，もう片方の量で比べればよい」という比べ方について共有し，解き方の発想の源はもちやすくなっている。解き方を考えられない子どもには，面積か人数の揃え方について考えさせる。

10 分数のたし算とひき算

11 平均

12 単位量当たりの大きさ、速さ

13 面積

14 割合

15 帯グラフと円グラフ

16 正多角形と円

17 角柱と円柱

本時の評価

・面積と人数が揃っていないときの比べ方を考える際，面積か人数のどちらかを揃え，もう片方の量で比べられることに気付くことができたか。

・面積か人数の揃え方について考え，式や図を使って，揃え方の意味について考えることができたか。

Ⓐ 6m² 9人　Ⓑ 6m² 6人　Ⓐ 6m² 9人　Ⓒ 3m² 6人
Ⓑ 6m² 6人　Ⓒ 3m² 6人

面積も人数もそろっていない！

面積がそろっているなら人数で比べる

人数がそろっているなら面積で比べる

面積も人数もそろっていない場合はどうやって比べる？

面積がそろっているなら人数が多い方が混んでいる

人数がそろっているなら面積がせまい方が混んでいる

Ⓐ 6m² 9人
Ⓒ 3m² 6人　×2　×2　→　6m² 12人

面積をそろえれば人数で比べられる！

人数をそろえれば面積で比べられる！

Ⓐ 6m² 9人　×2　×2　→　12m² 18人
Ⓒ 3m² 6人　×3　×3　→　9m² 18人

4 どうして面積（人数）を揃えようと思ったの？

だって，さっきやったように，面積が揃っていれば，人数で比べることができると思ったからです

人数を揃えるのも，人数を揃えれば，面積で比べることができるからです

まとめ

本時の時点では，面積と人数が揃っていない場合の比べ方が全て出されるわけではないが，いくつかの比べ方が出された時点で，共通する考え方に目を向かせておくとよい。

どの比べ方も，面積を揃えるか，人数を揃えるか，どちらかを揃えている。よって，「揃える」という考え方が共通しているのである。

本時案

比べ方を 考えよう②

 2/10

・面積と人数のどちらも揃っていないときの，混み具合の比べ方について考えることができる。

授業の流れ

1 他には，どんな比べ方がありましたか？

私は，1m²にどのぐらい人数がいるかを考えて比べました
A：9÷6＝1.5
C：6÷3＝2

この1.5や2は何を表しているか，図を使って説明することはできますか

　計算をした結果の数値の大小関係だけを見比べて，混み具合を判断してしまい，その数値が具体的に何を表しているのかを理解せずに，形式的に使ってしまう子どもも多い。よって，計算していることが，具体的に何をしていることなのかを，図を使って考えさせるとよい。

前の時間の解き方を数直線で表すと

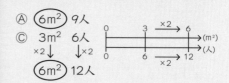

Ⓐ 6m² 9人
Ⓒ 3m² 6人
×2↓ ↓×2
6m² 12人

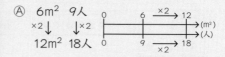

Ⓐ 6m² 9人
×2↓ ↓×2
12m² 18人

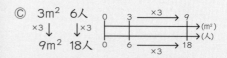

Ⓒ 3m² 6人
×3↓ ↓×3
9m² 18人

面積と人数が比例すると考える！

2 1人当たりの面積を出して比べることもできます

　1人当たりの面積を求めることが，具体的に何をしているのかを図を使って考えさせた後，「1m²の人数で比べるときは，何を揃えているのかな」「1人当たりの面積で比べるときは，何を揃えているのかな」と問い，他の比べ方との共通点を見つけやすくする。
　また「単位量当たりの大きさ」という言葉とその言葉の意味を教える。

3 どんな比べ方があったかな？

 公倍数を使って，面積や人数を揃える比べ方がありました

 1m²や1人に揃えて，単位量当たりの大きさを使う比べ方がありました

10 分数のたし算とひき算

11 平均

12 単位量当たりの大きさ、速さ

13 面積

14 割合

15 帯グラフと円グラフ

16 正多角形と円

17 角柱と円柱

本時の評価

・面積と人数が揃っていないときの比べ方を考える際，面積か人数のどちらかを揃え，もう片方の量で比べることに気付くことができたか。

・面積か人数の揃え方について考え，式や図を使って，揃え方の意味について考えることができたか。

・比べるときの大切な考え方として「揃える」という考え方があることを理解できたか。

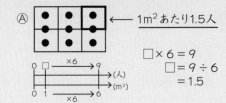

1m²あたりの人数で比べる

Ⓐ ← 1m²あたり1.5人

$$□×6=9$$
$$□=9÷6$$
$$=1.5$$

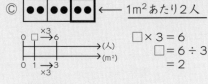

Ⓒ ← 1m²あたり2人

$$□×3=6$$
$$□=6÷3$$
$$=2$$

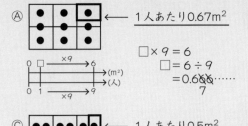

1人あたりの面積で比べる

Ⓐ ← 1人あたり0.67m²

$$□×9=6$$
$$□=6÷9$$
$$=0.666……$$

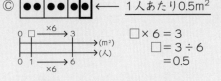

Ⓒ ← 1人あたり0.5m²

$$□×6=3$$
$$□=3÷6$$
$$=0.5$$

面積をそろえて人数で比べている

人数をそろえて面積で比べている

1あたり→単位量あたりの大きさ

面積と人数が比例すると考えて、「そろえる」という考え方が共通している！

4 すべての比べ方に共通する考え方は何かな？

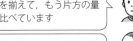
どんな比べ方も，面積か人数を揃えて，もう片方の量で比べています

「揃える」という考え方が共通している

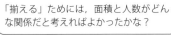
「揃える」ためには，面積と人数がどんな関係だと考えればよかったかな？

実際にはならないかもしれないけれど，面積と人数が比例すると考えるとできる

まとめ

　前時からの続きを意識して，すべての比べ方に共通する，「揃える」という考え方が，比べるときには大切であることをまとめる。そうすることで，今後，比べる場面において，「どうやって揃えればよいか」という着眼点をもって問題に取り組むことができる。

　また，「揃える」ためには，2つの量に比例関係を認めるか，仮定する必要があることにも気付かせる。

使いやすい
比べ方は何かな？

3/10

授業の流れ

1 次の3つの県を，人が混んでいる順に並べましょう

川や山もあるから，人がいっぱい住んでいるところもあれば，住んでいないところもあるよ

だから，人はならして考えないとね

前の時間でいろいろな比べ方を考えましたね。どんな比べ方があったかな？

公倍数で揃える比べ方がありました

単位量当たりの大きさを使う比べ方もあったよ

授業の後半で，比べ方について比較するために，前時までに学習した様々な比べ方を出しておく。また，自力解決前に電卓を渡す。

次の3つの県を、人が混んでいる順にならべましょう

滋賀県	4017km²	1413959人
奈良県	3690km²	1331330人
広島県	8479km²	2807987人

・公倍数を使って、面積や人数をそろえて比べる
・単位量あたりの大きさを使って比べる

---

2 どんな比べ方を使って比べましたか？

1km²当たりの人数を出して比べました

僕も同じです

1km²当たりの人口を「人口密度」と言います

1人当たりの面積を出して比べました

みんな，単位量当たりの大きさを使って比べているようですね

私も同じです

3 どうして単位量当たりの大きさを使って比べたのかな？

数が複雑で，公倍数を考えることが大変だと思ったからです

2つぐらいだったら公倍数も求められるけれど，3つとか4つになったら，公倍数を求めるのは大変です

公約数を考えることも大変です

電卓があれば，単位量当たりの大きさを求めることはすぐにできます

10 分数のたし算とひき算

11 平均

12 単位量当たりの大きさ、速さ

13 面積

14 割合

15 帯グラフと円グラフ

16 正多角形と円

17 角柱と円柱

本時の評価

・面積と人数が揃っていないだけでなく，数値が複雑であったり，比べる対象が3つ以上の場合の比べ方として最適な方法について考えることができたか。

1km² あたりの人数で比べる

滋賀県

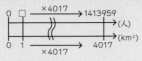

$\square \times 4017 = 1413959$
$\square = 1413959 \div 4017$
$= 351.\cancel{X}\cdots$
1km² あたり約352人

奈良県

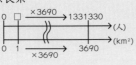

$\square \times 3690 = 1331330$
$\square = 1331330 \div 3690$
$= 360.\cancel{X}\cdots$
1km² あたり約361人

広島県

$\square \times 8479 = 2807987$
$\square = 2807987 \div 8479$
$= 331.\cancel{X}\cdots$
1km² あたり約331人

奈良県→滋賀県→広島県

面積や人数を
公倍数でそろえるのは
大変だから
1km²あたりの人数で
比べた

↓↓

数がふくざつだったり
3つや4つのものを
比べたりするときにも
単位量あたりの大きさを
使うと比べやすい！

1km²あたりの人口を
「人口密度」という。

---

4 一番使いやすい比べ方は何かな？

単位量当たりの大きさを使った比べ方なら，数が複雑になったり，3つや4つのものを比べたりするときにも使いやすいから，単位量当たりの大きさを使う比べ方が一番使いやすいと思います

授業の最初に出した比べ方を比較し，単位量当たりの大きさを使った比べ方の汎用性の高さについて気付かせていく。

まとめ

　単元の導入から単位量当たりの大きさを使った比べ方だけを使わせることは控え，本時のように，単位量当たりの大きさを使って比べた方がよい場面を通して，汎用性のある比べ方であることに気付かせていくことが必要である。

本時案

どの田が一番よくお米が取れる？

・学んできた異種の2量の割合の比べ方が，混み具合を考える以外の場面でも使うことができることを理解することができる。

授業の流れ

1 3つの田のうち，どの田が一番よくお米が取れたと言えるかな？

	面積	取れたお米の重さ
㋐	9a	470kg
㋑	13a	620kg
㋒	15a	770kg

お米は日当たりとかによって取れる量が変わってくるから，同じ田でも場所によってお米が取れる量が変わってくるよ

だから，この問題では，お米が取れる量をならして考える必要があるね

そう考えれば，面積とお米が取れた重さが比例すると考えて比べることができるね

㋐、㋑、㋒の3つの田のうちどの田が一番よくお米が取れたと言えるかな？

	面積	取れたお米の重さ
㋐	9a	470kg
㋑	13a	620kg
㋒	15a	770kg

2 どうして単位量当たりの大きさを使って比べたのかな？

前の時間でもやったけれど，今回の問題でも，公倍数を考えることが大変だと思ったからです

お米の取れた量を比べる場面でも，単位量当たりの大きさを使った方が比べやすかった

3 それぞれの比べ方は，何を揃えて比べているのかな？

1a当たりの取れたお米の重さで比べたので，面積を揃えて比べています

お米1kgを取るために必要な面積で比べたので，取れたお米の重さを揃えて比べています

単位量当たりの大きさを使った比べ方も，揃え方の一つであることを意識させる。

10 分数のたし算とひき算

11 平均

12 単位量当たりの大きさ、速さ

13 面積

14 割合

15 帯グラフと円グラフ

16 正多角形と円

17 角柱と円柱

本時の評価

・前時までに学習した異種の2量の割合の比べ方を使って，混み具合以外の場面で比べ方を考えることができたか。

| 1aあたりの取れたお米の重さで比べる | お米1kg取るために必要な面積で比べる |

⑦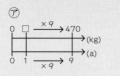

$\square \times 9 = 470$
$\square = 470 \div 9$
$\quad = 52.2\cdots\cdots$
1aあたり約52kg

⑦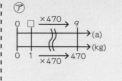

$\square \times 470 = 9$
$\square = 9 \div 470$
$\quad = 0.0191\cdots$
1kgあたり約0.0191a

④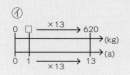

$\square \times 13 = 620$
$\square = 620 \div 13$
$\quad = 47.6\cdots$
$\quad\quad 8$
1aあたり約48kg

④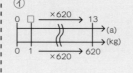

$\square \times 620 = 13$
$\square = 13 \div 620$
$\quad = 0.0209\cdots$
$\quad\quad\quad 10$
1kgあたり約0.0210a

⑤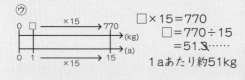

$\square \times 15 = 770$
$\square = 770 \div 15$
$\quad = 51.3\cdots$
1aあたり約51kg

⑤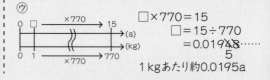

$\square \times 770 = 15$
$\square = 15 \div 770$
$\quad = 0.0194\,8\cdots$
$\quad\quad\quad\quad 5$
1kgあたり約0.0195a

| 単位量あたりの大きさを使うと比べやすい | 「そろえる」という考え方が共通 |

---

4 混み具合を比べたときと共通する考え方は何かな？

単位量当たりの大きさを使って比べると比べやすい

「揃える」という考え方が共通している

単位量当たりの大きさを使った比べ方の形式に共通点を見つけるのではなく，「揃える」という考え方の共通点に着目できるようにする。

まとめ

　異種の2量の割合の比べ方のうち，汎用性があるのは，単位量当たりの大きさを使った比べ方である。しかし，単位量当たりの大きさを使った比べ方の形式を覚えることに重点を置くのではなく，異種の2量の比べ方における共通する「揃える」という考え方に着目できるようにまとめていく。

本時案

どちらが
速いかな？

本時の目標

・学んできた異種の2量の割合の比べ方が，速さを比べる場面でも使うことができることを理解することができる。

授業の流れ

1 A君とB君の足の速さを比べるとき，何が分かればいいですか？

時間が分かればいい

A君は16秒，B君は18秒かかりました

時間だけでは分からないよ。だって，もしかしたら，走った距離が違うかもしれないよ

実はそうなんです。A君は80m，B君は100mを走ったときの時間です

　最初から時間と距離を提示するのではなく，速さを比べるために必要な数値を考えさせる。そうすることで，時間と距離の関係性を考えるということを意識させやすくなる。

どちらが速いと言えるかな？

A君	16秒	80m
B君	18秒	100m

時間だけでは分からない！

時間を144でそろえて比べる

A君
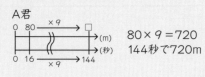

$80 × 9 = 720$
144秒で720m

B君
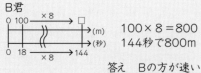

$100 × 8 = 800$
144秒で800m

答え　Bの方が速い

時間ときょりが比例すると考えている

---

2 どんな比べ方をしましたか？

私は，16秒と18秒の最小公倍数の144秒に揃えました。そうすると，A君は144秒で720m，B君は144秒で800m走ることができます。だから，B君の方が速いと思います

どうして時間を揃えようと思った？

だって，時間を揃えれば，距離が長い方が速いって分かるから

また「揃える」の考え方だ

---

3 144秒も同じ速さで走ることなんてできないよ

確かに，実際には難しいですよね

これは，時間と距離が比例すると考えて，比べました

私は距離を揃えましたが，そのときも時間と距離が比例すると考えました

1秒当たりの距離や，1m当たりの時間で比べるときも，時間と距離が比例すると考えればできるよ

10	分数のたし算とひき算
11	平均
12	**単位量当たりの大きさ、速さ**
13	面積
14	割合
15	帯グラフと円グラフ
16	正多角形と円
17	角柱と円柱

本時の評価

・前時までに学習した異種の 2 量の割合の比べ方を使って，速さを比べることができたか。

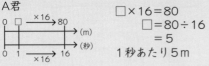

1秒あたりに走ったきょりで比べる

A君

$\square \times 16 = 80$
$\square = 80 \div 16$
$\quad = 5$
1秒あたり5m

B君

$\square \times 18 = 100$
$\square = 100 \div 18$
$\quad = 5.55\cdots\cdots$
$\qquad\qquad 6$
1秒あたり約5.6m

時間ときょりが比例すると考えて
時間をそろえて、きょりで比べている

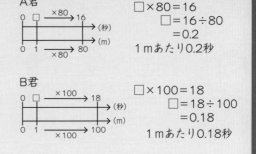

1mあたりにかかった時間で比べる

A君

$\square \times 80 = 16$
$\square = 16 \div 80$
$\quad = 0.2$
1mあたり0.2秒

B君

$\square \times 100 = 18$
$\square = 18 \div 100$
$\quad = 0.18$
1mあたり0.18秒

時間ときょりが比例すると考えて
きょりをそろえて、時間で比べている

どの比べ方も「そろえる」という考え方を使っている！
時間ときょりが比例すると考えることが必要！

4 混み具合やお米の取れる量の比べ方と共通する考え方は何かな？

 やっぱり「揃える」という考え方を使って比べていた

 そのためには，時間と距離が比例すると考えることが必要になります

　速さも異種の 2 量の割合の一つであることを意識させるために，今までの比べ方との共通する考え方について考える。

まとめ

　速さを扱うのは初めてなので，あえて多様な比べ方が出るように 2 つを比べる場面にして，時間と距離の間の比例関係について考える活動を十分に設ける。そうすることで，速さも異種の 2 量の割合の比べ方の一つであることを理解しやすくする。

　そのうえで，比べ方について考え，「揃える」という考え方が，速さを考える際にも共通していることに気付かせる。

本時案

使いやすい速さの比べ方は何かな？

6/10

授業の流れ

1 次の3つの車を，速い順に並べましょう

 車は，走っている途中で信号で止まったり，加速したり，速さが変わるよ

だから，速さを考える場合も，いつも一定の速さで走っていると考えないとね

前の時間でいろいろな速さの比べ方を考えましたね。どんな比べ方があったかな？

 公倍数で揃える比べ方がありました

 単位量当たりの大きさを使う比べ方もあったよ

授業の後半で，比べ方について比較するために，前時までに学習した様々な比べ方を出しておく。

次の3つの車を速い順にならべましょう

	走った時間	走った道のり
A車	3時間	81km
B車	7時間	105km
C車	11時間	253km

一定の速さで走っていると考える

・公倍数を使って走った時間や道のりをそろえて比べる
・単位量あたりの大きさを使って比べる

2 どんな比べ方を使って比べましたか？

 1時間当たりの道のりを出して比べました

1時間当たりで進む道のりで表した速さを「時速」と言います

 1km当たりの時間を出して比べました

みんな，単位量当たりの大きさを使って比べているようですね

3 どうして単位量当たりの大きさを使って比べたのかな？

 公倍数を考えることが大変だと思ったからです

2つぐらいだったら公倍数も求められるけれど，3つとか4つになったら，公倍数を求めるのは大変です

 公約数を考えることも大変です

 混み具合やお米の取れる量について比べたときもそうでした

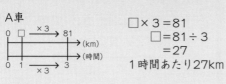

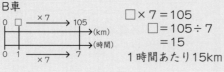

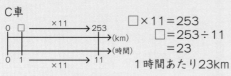

10 分数のたし算とひき算

11 平均

12 単位量当たりの大きさ、速さ

13 面積

14 割合

15 帯グラフと円グラフ

16 正多角形と円

17 角柱と円柱

本時の評価

・速さを比べる際，時間と道のりが揃っていないだけでなく，数値が複雑であったり，比べる対象が3つ以上の場合の比べ方として最適な方法について考えることができたか。

1時間あたりの道のりで比べる

A車

0 ──×3──→ □ ──→ 81 (km)
0 ── 1 ──×3──→ 3 (時間)

$\square \times 3 = 81$
$\square = 81 \div 3$
$= 27$
1時間あたり27km

B車

0 ──×7──→ □ ──→ 105 (km)
0 ── 1 ──×7──→ 7 (時間)

$\square \times 7 = 105$
$\square = 105 \div 7$
$= 15$
1時間あたり15km

C車

0 ──×11──→ □ ──→ 253 (km)
0 ── 1 ──×11──→ 11 (時間)

$\square \times 11 = 253$
$\square = 253 \div 11$
$= 23$
1時間あたり23km

A車→C車→B車
「速さ＝道のり÷時間」で求められる

1kmあたりの時間でも比べられる

走った時間や道のりを
公倍数でそろえるのは大変だから
1時間あたりの道のりや
1kmあたりの時間で比べた

↓

速さを比べるときも数が
ふくざつだったり、
3つや4つの速さを
比べたりするときには
単位量あたりの大きさを
使うと比べやすい

時速→1時間あたりに進む道のりで表した速さ
分速→1分間あたりに進む道のりで表した速さ
秒速→1秒間あたりに進む道のりで表した速さ

4 一番使いやすい比べ方は何かな？

速さを比べるときも，単位量当たりの大きさを使った比べ方なら，数が複雑になったり，3つや4つのことを比べたりするときには使いやすいです

授業の最初に出した比べ方を比較し，速さを比べるときも，単位量当たりの大きさを使った比べ方の汎用性の高さについて気付かせていく。

まとめ

　本時では，時速，分速，秒速という言葉とその言葉の意味を指導することも大切だが，それよりも大切なことは，速さを比べる際も，単位量当たりの大きさを使った比べ方が汎用性のある比べ方であることに気付かせることである。そのためには，公倍数や公約数で揃える比べ方と比較することが必要である。

本時案

道のりの求め方を考えよう

本時の目標

・道のりを求めることを通して，道のりを求める公式を理解することができる。

授業の流れ

1 時速と時間を使って道のりを求めることができるかな？

マグロは，時速70kmで泳ぐことができます。
マグロが3時間で進むことができる道のりは何kmでしょうか？

この場合も，マグロが時速70kmでずっと泳ぎ続けることはできないから，時間と道のりが比例すると考えて問題を解いてみよう

この場合も，時間と道のりが比例すると考えることで，道のりを考えることができることに気付かせる。

マグロは、時速70kmで泳ぐことができます。
マグロが3時間で進むことができる道のりは何kmでしょうか？

速さと時間を使って道のりを求めることはできる？

時間と道のりが比例すると考えればできそう！

2 どんな式になりましたか？

70×3で，3時間で進むことができる道のりは210kmになります

どうして70×3になったのですか？

だって，時間と道のりが比例すると考えれば，1時間で70km泳ぐことができるマグロは，時間が3倍になれば，道のりも3倍になります。だから，70×3になります

3 道のりを求める公式はどうなりますか？

70×3＝210の70は速さ，3は時間，210は道のりを表している数になるから「速さ×時間＝道のり」になります

この公式に当てはめて，4時間や5時間で進む道のりを求めてみましょう

公式をつくる際は，式に出てくる数値の意味を，問題場面と対比して考えさせる。

10 分数のたし算とひき算

11 平均

12 単位量当たりの大きさ、速さ

13 面積

14 割合

15 帯グラフと円グラフ

16 正多角形と円

17 角柱と円柱

本時の評価

・速さを求める公式を基にして，道のりを求める公式を図や式を用いて考えることができたか。

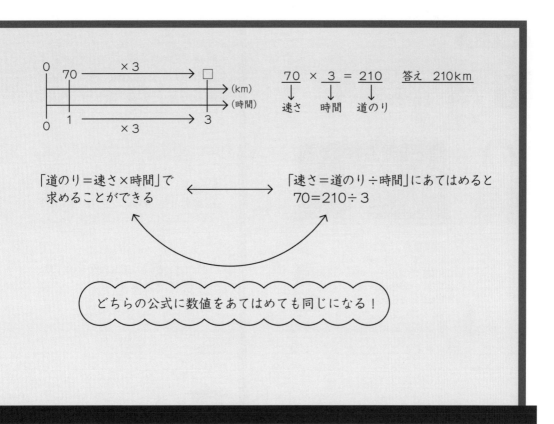

「道のり＝速さ×時間」で求めることができる ⟷ 「速さ＝道のり÷時間」にあてはめると 70＝210÷3

どちらの公式に数値をあてはめても同じになる！

4 速さを求める公式と，道のりを求める公式を比べてみましょう

速さ＝道のり÷時間で，道のり＝速さ×時間になっていて，別の公式かもしれないけれど，問題の数値をどちらの公式に当てはめても同じだね

どちらの公式を使っても同じだね

求めているものが違っても，公式の関係が同じになっていることに着目させる。

まとめ

前時で学習した速さを求める公式と，道のりを求める公式を比較して，その共通性に気付かせることが大切である。共通性の根拠は，時間と道のりの比例関係である。時間と道のりに比例関係を仮定することで，かけ算にすることができる。かけ算にすることができれば，かけ算の逆算であるわり算にもできるのである。

本時案

時間の求め方を考えよう

・速さと道のりから時間を求める方法について考えることを通して，道のりを求める公式にまとめることができることを理解する。

授業の流れ

1 時速と道のりを使って時間を求めることができるかな？

> 時速30kmで車が走っています。この車が360kmの道のりを進むのにかかる時間を求めましょう。

> この場合も，車が時速30kmでずっと進み続けることはできないから，時間と道のりが比例すると考えて問題を解いてみよう

この場合も，時間と道のりが比例すると考えることで，時間を考えることができることに気付かせる。

> 時速30kmで車が走っています。この車が360kmの道のりを進むのにかかる時間を求めましょう。

> 速さと時間を使って道のりを求めることはできる？

時間と道のりが比例すると考えればできそう！

2 どんな式になりましたか？

> 道のり＝速さ×時間の公式に当てはめれば，30×□＝360となります。□を求めるには，360÷30をすればいいので，12時間かかります

前時で学習した，道のりを求めるための公式に当てはめ，30×□＝360というかけ算の式にしてから，360÷30というわり算の式にする。

3 道のりを求める公式を使って，速さを求めることもできるかな？

> この場合だったら，□×12＝360になって，□を求めるには，360÷12をするから，30になります

道のりの公式を使ってかけ算を立式すれば，a×b＝cのaを求めるときが速さ，bを求めるときが時間，cを求めるときが道のりになっていることに気付かせる。

10	分数のたし算とひき算
11	平均
12	単位量当たりの大きさ、速さ
13	面積
14	割合
15	帯グラフと円グラフ
16	正多角形と円
17	角柱と円柱

本時の評価

・時間を求める公式を考えることを通して，速さと時間を求める公式も，道のりを求める公式にまとめられることに気付くことができたか。

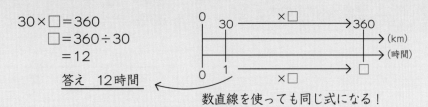

「道のり＝速さ×時間」の公式にあてはめてみると……

$30 × □ = 360$
$□ = 360 ÷ 30$
$= 12$
答え　12時間

数直線を使っても同じ式になる！

「道のり＝速さ×時間」の公式を覚えていれば，
道のりと速さが分かっていれば時間を求められるし，
道のりと時間が分かっていれば速さを求められる！

時間と道のりが比例すると考えればいつも
「道のり＝速さ×時間」の関係になっている

 **4** 速さ，道のり，時間は，いつも
どんな関係になっているかな？

 時間と道のりが比例していると考えれば，いつも「道のり＝速さ×時間」の関係になっています

 3つの公式を覚えるのではなく，「道のり＝速さ×時間」の関係になっていることを覚えておけばよさそうだね

まとめ

　速さは，時間と道のりに比例関係を仮定することで求めることができる。時間と道のりに比例関係を認めれば，道のり＝速さ×時間の関係が成り立つ。この関係を理解すれば，速さ，道のり，時間を求める際，それぞれの公式を覚えておく必要はない。

　公式を覚えるのではなく，問題の構造を理解することで，覚えることが少なくなるというよさも感じさせたい。

本時案

身の回りの単位量当たりの大きさ①

授業の流れ

1 身の回りに，単位量当たりの大きさが使われているものがあるかな？

1当たりではなかったけれど，お肉屋さんで，100g当たり200円とかあったと思う

単位量当たりの大きさは，1当たりだけでなく，「○○当たり」という場合はすべて単位量当たりの大きさになります

まだ他にもありそうだな

できれば，ここまでを本時に入る前に行っておき，身の回りにある単位量当たりの大きさを集めてくるように伝えておく。

身の回りに、単位量あたりの大きさが使われているものがあるかな？

鶏肉 100g 200円	おかし量り売り 50g 260円
ジュース 100mLあたり 45キロカロリー	牛乳 200mLあたり 136キロカロリー

---

2 身の回りに，単位量当たりの大きさが使われているものがありましたか？

おかしの量り売りをしていました。50g260円でした

ジュースを買ったら，100mL当たり45キロカロリーって書いてありました

3 どうして単位量当たりの大きさを使っているのかな？

何か比べているのかな？

では，ここにジュースと牛乳があります。もし，100mL当たりのカロリーではなく，全体のカロリーが書いてあったら，カロリーを比べることはできるでしょうか？

10 分数のたし算と
ひき算

11 平均

12 単位量当たりの
大きさ、速さ

13 面積

14 割合

15 帯グラフと
円グラフ

16 正多角形と円

17 角柱と円柱

本時の評価

・身の回りで使われている単位量当たりの大きさについて調べ，単位量当たりの大きさが使われるよさについて考えることができたか。

100mLあたりのカロリーで比べる

・ジュース　　100mLあたり45キロカロリー

・牛乳　　　　200mLあたり136キロカロリー

$\div 2 \downarrow$　　　$\downarrow \div 2$

100mLあたり68キロカロリー

牛乳の方がカロリーが高い

単位量あたりの大きさを使って比べると
かさがちがっても比べやすい

100mLあたり
45キロカロリー

200mLあたり
136キロカロリー

4 単位量当たりの大きさを使うことで比べやすくなりましたか？

ジュースのカロリーを比べるとき，500 mL のジュースと200 mL の牛乳では，かさが違うから，全体のカロリーが書いてあっても比べられない

身の回りにある題材を通して，単位量当たりの大きさを使うことで比べやすくなっている理由をまとめる。

まとめ

　身の回りで使われている単位量当たりの大きさを示し，「なぜ単位量当たりの大きさが使われているのか」ということについて考えさせる。その際，「もし，単位量当たりの大きさが示されていなかったらどうなるか？」という問いを与えて考えさせると，単位量当たりの大きさの有用性に気付きやすくなる。

身の回りの単位量当たりの大きさ②

10/10

・見当が付かない速さを，自分の記録と比べることで，実感をもつことができる。

授業の流れ

1 マラソンの世界記録を出したときの速さってどのぐらいかな？

マラソンって，42.195 kmだよね。だから，時間が分かれば分かります

2019年12月現在で，ケニアのエリウド・キプチョゲ選手が出した，2時間1分39秒が世界最速記録だって

すごい速そうだけど，どのぐらい速いのかよく分からないな

どうにかして，分かりやすくできないかな

想像が付かない速さを提示し，どうすれば実感がもてるようになるのかを考えさせる。

マラソンの世界記録って
どのくらい速いの？

マラソン→42.195km

世界記録→2時間1分39秒

どのぐらい速いかよく分からない

どうやったら分かりやすくなるかな？

---

2 どうやって速さを表しましたか？

100 m当たりにかかった時間を調べてみました
2時間1分39秒は，7299秒
42.195 kmは，42195 mだから，
7299÷42195×100をしたら，100 m当たりの時間が出ます。
100 m当たり約17.3秒でした。僕よりも速かったです

3 どうして100 m当たりの時間を出そうと思ったの？

私は，自分が100 mの時間を計ったことがあるから，自分の100 mの時間と比べようと思って，100 mの時間を出してみました

100 mだけなら，僕の方が速いけれど，これを42.195 kmずっと続けるなんてすごい

本時の評価

・マラソンの世界記録がどのぐらいの速さかを考える際，どんな比べ方をすれば実感がもてるのかを考えることができたか。
・自分で決めた単位量当たりの大きさを求めることができたか。

100mあたりの時間で比べる

2時間1分39秒 → 7299秒
42.195km → 42195m

$7299 \div 42195 \times 100 = 17.29\cdots$

100mあたり約17.3秒

ぼくより速い！

100mの時間なら計ったことがあったから、比べやすいと思った

A君　　100m　17.1秒

時間と道のりが比例すると考えれば、A君の方が速い

さすがに、比例するとは考えられない！

世界記録はすごく速い！

---

4 クラスで一番足の速いA君と比べて，どちらが速いですか？

A君は100mを17.1秒で走るから，時間と道のりが比例すると考えればA君の方が速いと言えるけれど，それは比例と考えられないと思う

自分の記録などと比べると，世界記録のすごさが分かりやすくなりますね

まとめ

世界記録等，聞いただけでは実感をもてないような記録を，自分の記録と比べることにより，すごさを実感することができる。単位量当たりの大きさを使って比べるよさの一つである。

改めて，異種の2量の比例関係を認めることで単位量当たりの大きさを使って比べられることを理解するためにも，こういった極端な事例を考えることは有効である。

13 面積 （12時間扱い）

単元の目標

- 平行四辺形，三角形，台形，ひし形などの面積の求め方，面積公式を理解し，公式を用いることができる。

評価規準

知識・技能	①必要な部分の長さを用いることで，平行四辺形，三角形，ひし形，台形の面積は計算によって求められることを理解している。 ②平行四辺形，三角形，台形，ひし形の面積を公式を用いて求めることができる。
思考・判断・表現	③既習の求積可能な図形の面積の求め方をもとにして，平行四辺形，三角形，台形，ひし形の面積の求め方を考えたり，公式を導きだしたりしている。
主体的に学習に取り組む態度	④平行四辺形，三角形，台形，ひし形の面積の求め方を考えたり，公式を導き出したりしようとしている。

指導計画 全12時間

次	時	主な学習活動
第1次 平行四辺形の面積	1	長方形の面積をもとにして，平行四辺形の面積の求め方を考える。
	2	平行四辺形の面積の公式を考える。
	3	高さが図形の外にある場合の平行四辺形の面積の求め方を考える。
第2次 三角形の面積	4	長方形や平行四辺形の面積をもとにして，三角形の面積の求め方を考える。
	5	三角形の面積の公式を考える。
	6	高さが図形の外にある場合の三角形の面積の求め方を考える。
第3次 台形とひし形の面積	7	長方形や平行四辺形，三角形の面積をもとにして，台形の面積の求め方を考える。
	8	台形の面積の公式を考える。
	9	長方形や平行四辺形，三角形の面積をもとにして，ひし形の面積の求め方，公式を考える。
第4次 いろいろな図形の面積	10	既習の図形の面積をもとにして，一般四角形の面積の求め方を考える。
	11	既習の図形を台形の面積の公式に統合する。
第5次 高さ（底辺）と 面積の関係	12	三角形や四角形の高さ（底辺）と面積の2量の関係を考える。

単元の基礎・基本と見方・考え方

⑴既習の求積可能な図形の面積の求め方に帰着して考える

　本単元においては，平行四辺形・三角形・台形・ひし形などの面積の求め方を，図形を構成する要素（辺や高さ，対角線など）に着目して，既習の求積可能な図形の面積の求め方に帰着して考えたり，言葉や数，式，図などを用いて論理的に説明したりすることを大切にする。例えば，子どもは数学的な見方・考え方を働かせることで，次のような求積方法を考える。

①求積が可能な図形に等積変
　形する考え

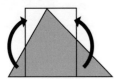

②求積が可能な図形の半分の
　面積であるとみる考え

③求積が可能な図形に分割す
　る考え

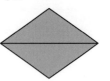

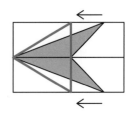

　また，三角形は底辺の長さと高さが等しければ，形が違っても面積は等しくなる。そのため，底辺を固定し底辺と平行な直線上では，頂点をどのように動かしても三角形の面積は一定になる。このことを活用することで，四角形を三角形に変形するなどして面積を求めることができるのである。このようなことにも気付かせ，図形の見方を豊かにさせたい。

　そして，これらの図形の面積を求めた際，例えば「どうして，三角形を平行四辺形にしようと思ったの？」などと問い返し，子どもが働かせた見方・考え方を顕在化し，意識化させるようにする。また，他者の考えを解釈する活動を通して，多様な求積方法や数学的な表現を理解する中で，自己の学びが洗練されていくことを実感させたい。

⑵面積の求め方を振り返り，簡潔かつ的確な表現に高め，公式をつくる

　例えば，台形の面積の求め方を見いだしたら，もとの図形のどこの長さに着目すると面積を計算で求めることができるのかを，振り返って考えさせることを大切にする。

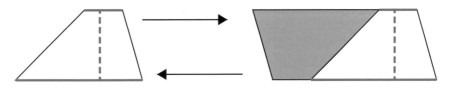

　また，子どもが既習の知識や見方・考え方を活用して，主体的に公式づくりに取り組むようにするために，その過程を言語化し明示的に指導する。例えば①図形のどこの長さが分かれば，面積を計算で求めることができるのかを考え，式にする。②式の数を言葉に変え，言葉の式にする。③言葉の式の共通点を見つけ公式にする，など順序よく整理し「面積の公式をつくるコツ」として全体で共有する。そうすることで，その後の面積の公式づくりや第6学年の円の面積の公式づくりなどでもこれらの見方・考え方が働き，数学的な見方・考え方がより豊かで確かなものになっていくと考えている。

10 分数のたし算とひき算

11 平均

12 単位量当たりの大きさ，速さ

13 面積

14 割合

15 帯グラフと円グラフ

16 正多角形と円

17 角柱と円柱

本時案

平行四辺形の面積の求め方を考えよう

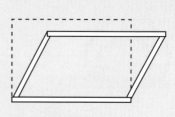

授業の流れ

1 何が変わったのかな？

縦5cm 横6cm の厚紙の枠で作った長方形があります。少しずつ傾けます。何が変わったのかな？

・形が変わった
・角の大きさが変わった
・面積の大きさが変わった

　図形が長方形から平行四辺形へ変わったことや4つの角の大きさが変わったことは多くの子が納得する。しかし面積の大きさは「変わる」「変わらない」とズレが生まれる。また「変わらないのは何かな？」と尋ねても上記のズレが生まれる。子どもの反応によって発問を変えることも大切なことである。

・形が変わった
・角の大きさが変わった
・面積の大きさが変わった

面積は変わったのか？

周りの長さが変わらないから面積は変わらない

このままかたむけると面積が0になるよ。だから、面積は変わる

長方形の面積
5×6＝30　　30 cm²

2 面積は変わるのかな？

周りの長さが変わらないから面積も変わらないよ！

もし，このまま傾けていくと，面積がなくなってしまうから，周りの長さが同じでも面積が同じとは言えないよ！

　子どもの誤概念を取り上げながら平行四辺形の面積の求め方へと焦点化させる。

3 平行四辺形の面積を求めよう

平行四辺形は，どうやって面積を求めればいいのかな？

　4年生の面積の学習でL字型を既習である長方形に変形させて，長方形の面積の公式を適用させたことを想起させたり「どんな図形だった，面積が求められそうかな？」と問い返したりしながら，既習である長方形の面積の求め方に帰着させる。

10 分数のたし算とひき算

11 平均

12 単位量当たりの大きさ、速さ

13 面積

14 割合

15 帯グラフと円グラフ

16 正多角形と円

17 角柱と円柱

本時の評価

・平行四辺形の面積の求め方を考えることができたか。
・長方形の面積を基にして、平行四辺形の面積の求め方を考えることができたか。

準備物

・可動式の厚紙で作った長方形
・児童用の平行四辺形の紙
・教師用の拡大した平行四辺形の図

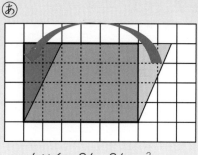

平行四辺形の面積の求め方を考えよう。

あ

$4 \times 6 = 24$　　24 cm²

三角形の部分を切って動かし、
長方形に変形させ、面積を求める。

い

$4 \times 6 = 24$　　24 cm²

台形の部分を切って動かし、
長方形に変形させ、面積を求める。

平行四辺形の面積の求め方は、
面積の求め方が分かっている長方形に変形させて求めることができる。

4 2つの求め方の共通点は何かな?

平行四辺形を長方形にして面積を求めました

どうして、長方形にしたいと思ったの?

長方形に変形させたいと考えた着想を問い、未習の図形の面積は既習の図形に変形させて面積を求めることができることを確認し、まとめる。

まとめ

　平行四辺形と三角形の面積の求め方はどちらから指導することも可能である。三角形から導入するよさは、全ての多角形を三角形に分割する考えで統合することができることである。一方、平行四辺形から導入するよさは多様な既習の図形に変形するアイデアが考えられ、図形についての見方、感覚を豊かにすることができることである。

本時案

平行四辺形の面積の公式をつくろう

2/12

・平行四辺形の面積の公式を理解することができる。

1 長方形の面積を求めよう

3cm
6cm

　まず，縦が3cm横が6cmの長方形を提示し，面積を求めさせる。子どもは既習の面積の公式を適用させ3×6＝18　18cm² と求める。
　次に底辺6cm高さ3cmの平行四辺形を提示する。

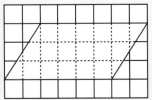

長方形はたてと横の長さが分かれば，面積が分かる

3×6＝18　18cm²

平行四辺形の面積を計算で求めよう

どこの長さが分かれば、面積を求めることができるのだろう？

2 平行四辺形の面積を計算で求めよう

長方形と同じように，平行四辺形の面積を計算で求めよう

長方形は縦と横が分かれば，面積を求めることができたけど，平行四辺形は，どこの長さが分かれば面積が分かるのかな？

　既習である長方形の面積の公式と比較することで平行四辺形の面積の公式を考えることに焦点化する。

3 どこの長さが分かれば，面積を求めることができるかな？

長さが知りたい場所に印を入れましょう

　平行四辺形の底辺と高さに印を入れる子と平行四辺形の底辺と斜辺に印を入れる子の2つの考えが出されるだろう。この2つの考えを比較することで，平行四辺形の面積の公式の理解を深める。

平行四辺形の面積の公式をつくろう
078

10 分数のたし算とひき算

11 平均

12 単位量当たりの大きさ、速さ

13 面積

14 割合

15 帯グラフと円グラフ

16 正多角形と円

17 角柱と円柱

本時の評価

・平行四辺形の面積の公式を導き出すことができたか。
・底辺と高さを用いることで，平行四辺形の面積は計算によって求められることを理解できたか。

準備物

・児童用の平行四辺形の紙
・教師用の拡大した平行四辺形の図

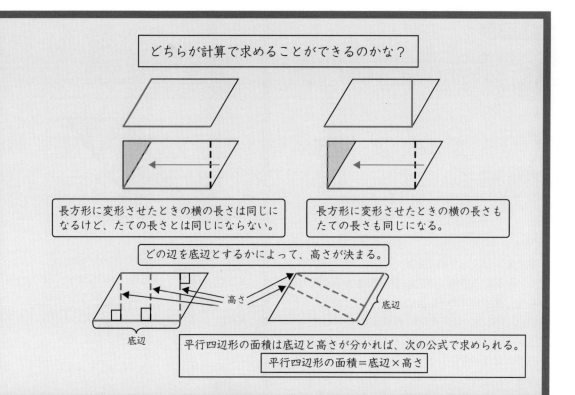

どちらが計算で求めることができるのかな？

長方形に変形させたときの横の長さは同じになるけど，たての長さとは同じにならない。

長方形に変形させたときの横の長さもたての長さも同じになる。

どの辺を底辺とするかによって，高さが決まる。

高さ

底辺

底辺

平行四辺形の面積は底辺と高さが分かれば，次の公式で求められる。

平行四辺形の面積＝底辺×高さ

4 平行四辺形を長方形にしたときの縦と横の長さと偶然同じだね

偶然ではないよ。どんな平行四辺形も長方形に変形することができるから，縦と横が分かれば，面積が分かるよ

いくつかの平行四辺形で確認する。
そして，底辺と高さの用語を教え，公式をつくる。

まとめ

下図のような高さが与えられていない図形の面積を求めさせることで，底辺や高さの意味を正しく捉え，実測する経験をさせる。このとき，底辺や高さは長方形に変形したときの縦や横に対応することを意識させ，位置や向きに関係なく決められることを押さえることが大切である。

3cm

本時案

高さが図形の外にある平行四辺形の面積を求めよう

本時の目標
・高さが図形の外にある場合の平行四辺形の面積の求め方を理解することができる。

授業の流れ

1 どんな平行四辺形でも面積が求められる？

ちょっとこれは難しいなぁ……

どうして，難しいと感じているのかな？この子の気持ちが分かるかな？

「どんな平行四辺形でも，面積を求めることができますか」と尋ねると多くの子どもがうなずく。なぜなら前時で平行四辺形の面積の公式を学習したからである。

（もし，ここで底辺の外に高さがある図形の場合は「難しい」と問題提起する子がいれば，その子の言葉から展開しても面白い。）

厚紙の枠で作った平行四辺形またはデジタルコンテンツ等を使用し，少しずつ傾けていく様子を見せる。

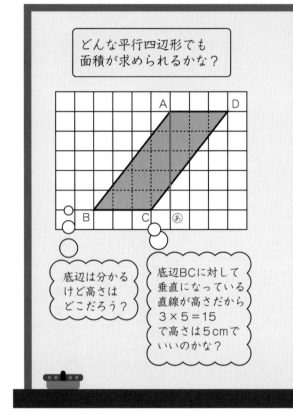

どんな平行四辺形でも面積が求められるかな？

底辺は分かるけど高さはどこだろう？

底辺BCに対して垂直になっている直線が高さだから3×5＝15で高さは5cmでいいのかな？

2 高さはどこだろう？

底辺は分かるけど，高さがどこになるのか分からないのだと思う。だって平行四辺形の中に高さがないから……

前時までの高さが平行四辺形の中にあったときと同様，平行四辺形の面積の公式を適用しようとするが「高さが分からない」と困惑する子が現れる。この困り感を取り上げることで既習と未習が明確になり，さらに子どもの問いが焦点化される。

3 高さはここでいいのかな？

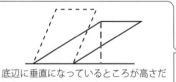
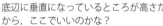

底辺に垂直になっているところが高さだから，ここでいいのかな？

問いが明確になったところで自力思考に入り，高さが青い直線の部分でよいことを既習の面積の公式が適用できる図形に変形することで説明していく展開とする。

本時の評価

・高さが図形の外にある場合の平行四辺形の面積の求め方を考えることができたか。
・高さが図形の外にある平行四辺形でも，公式を用いて面積が求められることを理解できたか。

準備物

・厚紙の枠でつくった平行四辺形
・児童用の平行四辺形の紙
・教師用の拡大した平行四辺形の図

平行四辺形の外にある直線あを高さと考え、面積を求めていいのか？

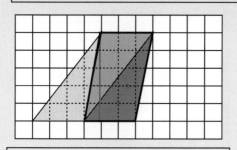

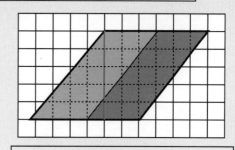

平行四辺形を対角線で分け動かす。

$3 \times 5 = 15$　　$15cm^2$

合同な平行四辺形を2つ合わせる。

$6 \times 5 \div 2 = 15$　　$15cm^2$

高さが平行四辺形の中にある図形に変形させることで、直線あが高さとなるので平行四辺形の公式を使うことができる。

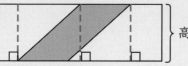

高さ

平行四辺形の高さは、底辺をのばした直線と、底辺と向かい合った頂点を通り、底辺と平行な直線のはばと考えることができる。

---

4 平行四辺形の外にあっても面積の公式が使える

板書にある2つの考え方を全体で共有し，等積変形後の高さや倍積変形後の高さが元の平行四辺形のどの部分にあたるかを確認する。そして，高さが平行四辺形の外にある場合でも公式が適用できることを確認する。

まとめ

平行四辺形や三角形の情報過多の求積の問題では，必要な長さを選択できないことによる誤答が少なくない。これを防ぐためにも平行四辺形では隣り合う辺の長さの積では面積が求められないことを印象付ける必要がある。また，底辺と決めた辺に必ず印をつけさせ，それに垂直な直線を見いだすことを習慣化することも大切である。

本時案

三角形の面積の求め方を考えよう

本時の目標

・三角形の面積の求め方を理解することができる。

授業の流れ

1 どうして困っているのかな？

どうして、お友だちは困っているのかな？

三角形の面積の求め方はまだ習っていないからだと思います。でも、平行四辺形のときと同じように、習っている形に変形させればいいと思います

シンプルに右の一般三角形を提示し，自力思考に入る。おそらくどのように三角形の面積を求めようか困っている子がいると考えられる。

三角形の面積の求め方が未習であることを明確にしながら，既習の面積の求め方（長方形・平行四辺形）に帰着した見方・考え方を引き出し，価値付ける。全員が見通しをもったところで再度，自力思考に入る。

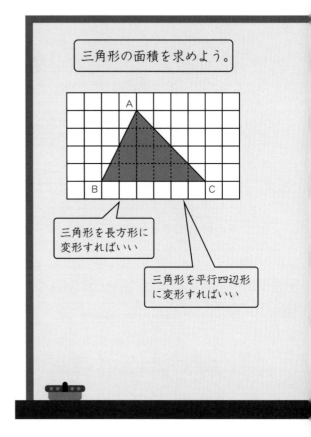

三角形の面積を求めよう。

三角形を長方形に変形すればいい

三角形を平行四辺形に変形すればいい

2 6×4÷2＝12の式から求め方を予想しよう

お友だちの中にこのような式で求めた人がいます。どのように求めたか，予想できますか

平行四辺形にして求めたと思う

私も平行四辺形にしたけど，求め方が違うかも……

机間指導で子どもの式を把握し，意図的に6×4÷2の式を提示する。

3 ÷2 はどういう意味かな？

三角形は平行四辺形にだけ変形させて求めることができるね

「÷2」の意味の違いを解釈する活動を通して，同じように平行四辺形に変形しても，面積の求め方に違いがあることを理解させる。

教師が意図的に「平行四辺形だけ」を強調することで子どもから「長方形にも変形できるよ」という言葉を引き出し，4つの式のいずれにも「÷2」が出てくることに気付かせたい。

10 分数のたし算とひき算

11 平均

12 単位量当たりの大きさ、速さ

13 面積

14 割合

15 帯グラフと円グラフ

16 正多角形と円

17 角柱と円柱

本時の評価

・長方形や平行四辺形の面積などをもとにして，三角形の面積の求め方を考えることができたか。

準備物

・児童用の三角形の紙
・教師用の拡大した三角形の図

6×4÷2＝12の式は、どのように三角形の面積を求めたのかな？

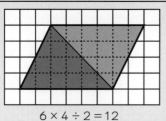

6×4÷2＝12

平行四辺形の面積を半分にする。

6×（4÷2）＝12

平行四辺形の高さを半分にする。

長方形に変形させる求め方はないのかな？

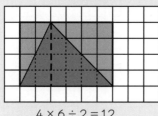

4×6÷2＝12

長方形の面積を半分にする。

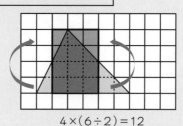

4×（6÷2）＝12

長方形の横の長さを半分にする。

---

4 4つの三角形の面積の求め方の共通点は何かな？

三角形の面積の求め方は公式が分かる平行四辺形や長方形に変形させて面積を求めています

　平行四辺形のときと同様，既習の面積の求め方を活用しているという共通点や，同じ長さをもとに面積を求めていることに気付かせ，公式につなげるようにしたい。

まとめ

三角形の求積では上記の4つの考え方の他にも下図のような求め方もある。

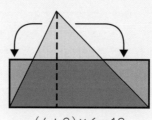

（4÷2）×6＝12

本時案

三角形の面積の公式をつくろう

本時の目標

・三角形の面積の公式を理解することができる。

授業の流れ

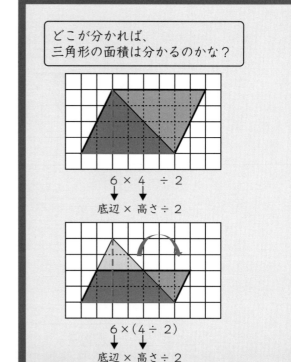

どこが分かれば、
三角形の面積は分かるのかな？

6 × 4 ÷ 2
↓ ↓
底辺 × 高さ÷ 2

6×(4 ÷ 2)
↓ ↓
底辺 × 高さ÷ 2

1 三角形の面積の公式をつくろう

どのように，三角形の面積の公式を
つくりますか？
まず，何をしたらいいのかな？

平行四辺形は底辺と高さが
分かれば，面積が分かった
から，三角形も面積が求め
られる長さはどこか調べれ
ばいいと思う

　前時の三角形の面積を求めた学習から，三角形の面積の公式をつくることを伝える。

　ここで，既習である平行四辺形の面積の公式のつくり方を想起させたい。

2 どこが分かれば，
面積が分かるのかな？

　まず，4つの三角形の面積の求め方を式で表現する。次に，式の数値を言葉の式にする。

　そうすると，平行四辺形に変形させた式の共通点は「底辺」と「高さ」ということが見えてくる。同じように，長方形に変形させた式の共通点は「縦」と「横」ということも見えてくる。

3 三角形の図形のどこかな？

三角形の図形で
考えると，どこ
になるだろう？

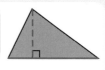

　ここで底辺と高さの用語を教え，三角形の面積は底辺と高さが決まれば面積が決まることを確認し，公式にまとめる。

　また，どの辺を底辺とするかによって，高さが決まることも確認する。

10 分数のたし算とひき算

11 平均

12 単位量当たりの大きさ、速さ

13 面積

14 割合

15 帯グラフと円グラフ

16 正多角形と円

17 角柱と円柱

本時の評価

・三角形の面積の公式を導き出すことができたか。
・底辺と高さを用いることで，三角形の面積は計算によって求められることを理解できたか。

準備物

・児童用の三角形の紙
・教師用の拡大した三角形の図

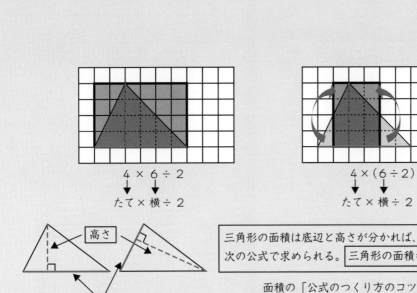

$4 \times 6 \div 2$

たて × 横 ÷ 2

$4 \times (6 \div 2)$

たて × 横 ÷ 2

高さ

底辺

三角形の面積は底辺と高さが分かれば、次の公式で求められる。 三角形の面積＝底辺×高さ÷2

面積の「公式のつくり方のコツ」
①図形のどこの長さが分かれば、面積を計算で求めることができるのかを考え、式にする。
②式の数を言葉に変え、言葉の式にする。
③言葉の式の共通点を見つけ、公式にする。

4 公式のつくり方を振り返ろう

公式をつくるコツは何かな？

　平行四辺形と三角形の面積の公式のつくり方を振り返り「面積の公式のつくり方のコツ」としてまとめる。図形の面積の公式化の仕方を明示的に指導することで，次の台形やひし形の面積の公式づくりを自力で解決できるようにさせたい。

まとめ

面積の公式のつくり方のコツ
①図形のどこの長さが分かれば，面積を計算で求めることができるのかを考え，式にする。
②式の数を言葉に変え，言葉の式にする。
③言葉の式の共通点を見つけ，公式にする。

本時案

高さが図形の外にある三角形の面積を求めよう

本時の目標
・高さが図形の外にある場合の三角形の面積の求め方を理解することができる。

授業の流れ

1 面積が大きい順に並べよう

一番面積が大きいのはイ。高さは同じだけど，底辺が他の三角形の2倍になっているから面積も2倍になる

4つの三角形を提示し，面積が大きい順に並べようと指示する。

実際にアとイを計算で求め，面積が2倍になっていることを確認する。

ア　$2 \times 4 \div 2 = 4$　$4\,\text{cm}^2$

イ　$4 \times 4 \div 2 = 8$　$8\,\text{cm}^2$

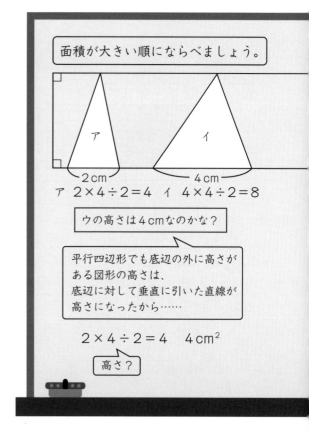

面積が大きい順にならべましょう。

ア　2cm　イ　4cm

ア　$2 \times 4 \div 2 = 4$　イ　$4 \times 4 \div 2 = 8$

ウの高さは4cmなのかな？

平行四辺形でも底辺の外に高さがある図形の高さは，底辺に対して垂直に引いた直線が高さになったから……

$2 \times 4 \div 2 = 4$　$4\,\text{cm}^2$

高さ？

2 ウの面積は同じかな？

ウもエも計算で求めよう

アの面積が$4\,\text{cm}^2$と分かったから，ウもエも$4\,\text{cm}^2$と分かるよ。だって，底辺と高さが同じだから，同じ面積になるね

ウの面積は$4\,\text{cm}^2$でいいのかな？高さは4cm？

3 どうして4cmと考えたの？

ウの高さが4cmと考えた子に「どうして4cmと考えたの？」と問い返す。

「平行四辺形でも底辺の外に高さがあるとき，底辺に対して垂直に引いた直線が高さになったから」と答える。

このような既習の知識や数学的な見方・考え方を働かせ説明する姿を価値付ける。

本時の評価

・高さが図形の外にある場合の三角形の面積の求め方を考えることができたか。

・高さが図形の外にある三角形でも、公式を用いて面積が求められることを理解できたか。

準備物

・ウの三角形の紙

・教師用のア〜エを拡大した三角形の図

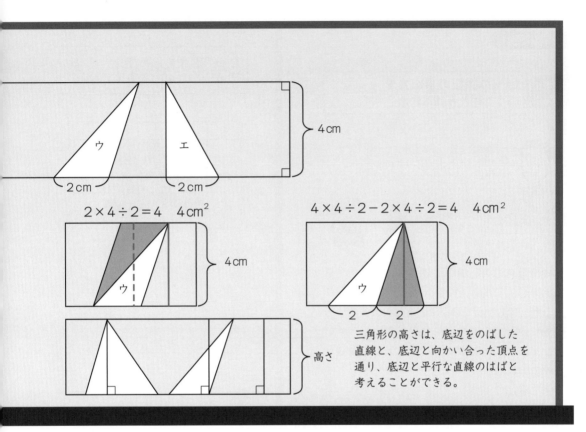

$2 \times 4 \div 2 = 4 \quad 4\,\text{cm}^2$

$4 \times 4 \div 2 - 2 \times 4 \div 2 = 4 \quad 4\,\text{cm}^2$

三角形の高さは、底辺をのばした直線と、底辺と向かい合った頂点を通り、底辺と平行な直線のはばと考えることができる。

4 本当に高さは 4 cm かな？

　子どもは高さが 4 cm であることを次の 2 つの説明で行うだろう。

・ウの三角形を 2 つ合わせて、平行四辺形ができることを使っての説明。

・大きな直角三角形の面積から小さな直角三角形を引くことを使っての説明。

　いずれもウの高さが 4 cm であることの根拠となる。

まとめ

　本時では、底辺の外に高さがある三角形の面積も、三角形の面積の公式が適用できることを理解した。すなわち底辺と高さが同じであれば三角形の面積は等しくなることも理解されたことになる。

　この知識は、多角形の面積の求め方を考えるときなどに、ぜひ活用させたい。

台形の面積の求め方を考えよう

本時の目標

・台形の面積の求め方を理解することができる。

授業の流れ

1 台形の面積の求め方をいくつ考えられるかな?

台形の面積の求め方をいくつ考えることができますか?

今までの学習で考えると,台形は長方形,平行四辺形,三角形に変形できるのかな?

　本時は台形の面積を求めることが課題である。

　これまでの学習から,子どもはおよそ面積の学習に対して見通しがもてるようになっている。そこで台形の面積では,はじめから多様な面積の求め方を考えることを「めあて」として展開する。

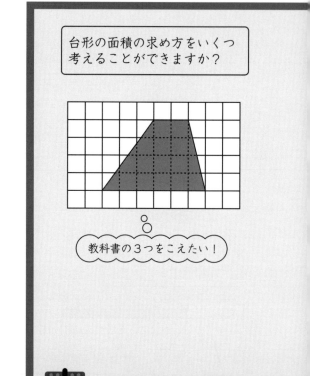

台形の面積の求め方をいくつ考えることができますか?

教科書の3つをこえたい!

2 教科書を超えたい!

教科書には3つの求め方が載っています。教科書を超えることができるかな?

よし! 教科書を超えてみせる!

＊教科書によっては4つ掲載。

　教科書に載っている求め方を隠して黒板に提示する。がぜん子どもたちはやる気になる。

　学級の実態によってはペアやグループで取り組ませても面白い。

3 どのように求めたのかな?

まずは,アから見せます

　隠した図を1つずつ見せる。「やったぁ,あった!」と喜ぶ子どもたち。「これはどのように求めたのだろう?」と尋ね,図から面積の求め方を解釈し式と言葉で表現する活動を行う。

10	分数のたし算とひき算
11	平均
12	単位量当たりの大きさ、速さ
13	面積
14	割合
15	帯グラフと円グラフ
16	正多角形と円
17	角柱と円柱

本時の評価

・長方形や平行四辺形，三角形の面積などをもとにして，台形の面積の求め方を考えることができたか。

準備物

・児童用の台形の紙
・教師用の拡大した台形の図

台形を２つの三角形に分ける考え
2×4÷2＋6×4÷2＝16

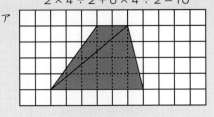

合同な台形を２つ合わせて平行四辺形にする考え
（2＋6）×4÷2＝16

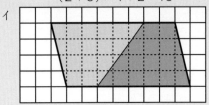

台形を切って動かし平行四辺形にする考え
（2＋6）×（4÷2）＝16

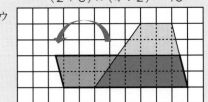

台形を切って動かし三角形にする考え
（2＋6）×4÷2＝16

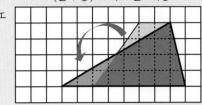

4 ヒントを出してみよう

平行四辺形が見えます！

平行四辺形に変形する求め方は２つあると思うけど，どっちだろう

　クイズ形式で子どもにヒントを出して，面積の求め方を当てるゲームをしても面白い。
　ヒントを出す子にだけ，図を見せる。

まとめ

　すべての求め方の発表後，実際に教科書を開き確認する。そうすることで自分たちの説明と教科書の説明との共通点・相違点が明確になり，より台形の面積の求め方が理解される。
　本時では，台形の面積の求め方の数を問い，さらに教科書の考えを超えることを課題として，子どもの問いを引き出した。

本時案

台形の面積の
公式をつくろう

本時の目標

・台形の面積の公式を理解することができる。

授業の流れ

1 参考にしたい求め方は
どれかな？

4つの台形の面積の求め方で，公式
をつくるときに「参考にしたい求め
方」はどれかな？

前時の台形の面積の求め方で発表された4
つの求め方のコピーを提示する。
＊子どもにも縮小した同様のものを配布する。
　台形の面積の公式づくりも，これまでの学習
と同様，既習の公式づくりをもとに考えてい
く。ただ，これまでとは違って，一人ひとりの
子どもにその公式をつくる上で「参考にしたい
求め方」を選択させる展開とする。

台形の面積の公式をつくるとき、
ア～エの中でどの求め方を
参考にしたいかな？

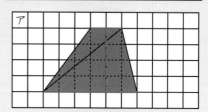

$2 \times 4 \div 2 + 6 \times 4 \div 2 = 16$
上の底辺×高さ÷2＋下の底辺×高さ÷2

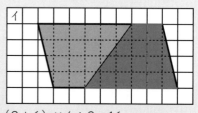

$(2 + 6) \times 4 \div 2 = 16$
（上の底辺＋下の底辺）×高さ÷2

---

2 私は～がいいな

私は，台形を2つあわせて，平行四辺
形と見る。
求め方を参考にして公式をつくりたいな

　子どもがどの求め方を選んだかによって，一
人ひとりの図形の見方が顕在化される。
　いくつかの教科書では「Aさんの求め方から
公式をつくろう」と参考にする考えを指示して
いる。この指示の部分を子どもに選択させるこ
とで，より主体的な活動となる。

3 どうして～がいいの？

面積を求めるときはアがよかっ
たけど，イの平行四辺形とみる
考え方が公式をつくるときは，
分かりやすいな

　面積を求める場合は〇だったけど，公式をつ
くる場合は△が分かりやすいと考える子がいる
だろう。そこで「どうして△の方がいいの？」
と尋ね，簡潔・明瞭・的確なものに洗練させて
いく過程を共有する。

本時の評価
・台形の上底，下底，高さの意味を知り，台形の面積の公式を理解できたか。

準備物
・前時に子どもが求めた台形の面積の図

10 分数のたし算とひき算

11 平均

12 単位量当たりの大きさ、速さ

13 面積

14 割合

15 帯グラフと円グラフ

16 正多角形と円

17 角柱と円柱

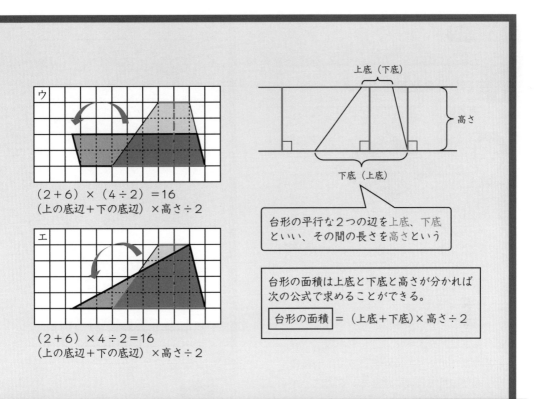

ウ
$(2+6) \times (4 \div 2) = 16$
（上の底辺＋下の底辺）×高さ÷2

エ
$(2+6) \times 4 \div 2 = 16$
（上の底辺＋下の底辺）×高さ÷2

上底（下底）
下底（上底）
高さ

台形の平行な2つの辺を上底、下底といい、その間の長さを高さという

台形の面積は上底と下底と高さが分かれば次の公式で求めることができる。

台形の面積 ＝（上底＋下底）×高さ÷2

---

4 上底と下底，高さが分かれば面積が分かる

それぞれの求め方を言葉の式にする。そして，上底と下底，高さの用語を教える。

どの考え方も「上底と下底，高さが分かれば面積が分かること」を確認し，台形の面積の公式をまとめる。

台形の面積＝（上底＋下底）×高さ÷2

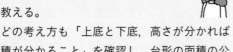

まとめ

上底，下底という用語から，子どもはこれらを上方にある辺，下方にある辺と誤解しがちである。上底，下底とは，台形の平行な2辺のいずれもさすものであり，どちらを上底，下底とみてもよいことを確認する。

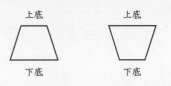

上底
下底

上底
下底

本時案

ひし形の面積の公式をつくろう

9/12

本時の目標

・ひし形の面積の求め方，面積の公式を理解することができる。

授業の流れ

1 ひし形の面積を求めよう

辺の長さや高さが分からないと，面積を求めることができないよ

どこの長さが分かれば，面積を求めることができそうですか？

辺の長さなどを示さず，ひし形を提示する。

どこの長さが知りたいかによって，面積の求め方や図形の見方に違いが出る。この違いが子どもの問いとなる。

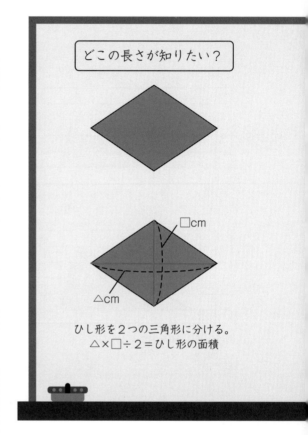

どこの長さが知りたい？

□cm

△cm

ひし形を2つの三角形に分ける。
△×□÷2＝ひし形の面積

2 ●●の長さが知りたい！

この2つの対角線の長さが知りたいです

Aさんは直角三角形4つ分で考えたのかな。私は三角形2つ分！

私はこの2つの対角線で長方形にして求めたけど……

3 どの面積の求め方にも共通している長さはどこかな？

　図形のどの長さに着目して面積を求めているのかを解釈する活動を通して，それぞれの面積の求め方で共通している長さ（2つの対角線）を見いだし，公式にまとめる。

　その際，長さは提示していないので対角線の長さを△と□に置き換えて，式に表現させる。

10 分数のたし算とひき算

11 平均

12 単位量当たりの大きさ、速さ

13 面積

14 割合

15 帯グラフと円グラフ

16 正多角形と円

17 角柱と円柱

本時の評価

- 長方形や平行四辺形，三角形，台形の面積をもとにして，ひし形の面積の求め方を考えたり，公式を導いたりできたか。
- ひし形の面積の公式を理解できたか。

準備物

- 児童用のひし形の紙
- 教師用の拡大したひし形の図

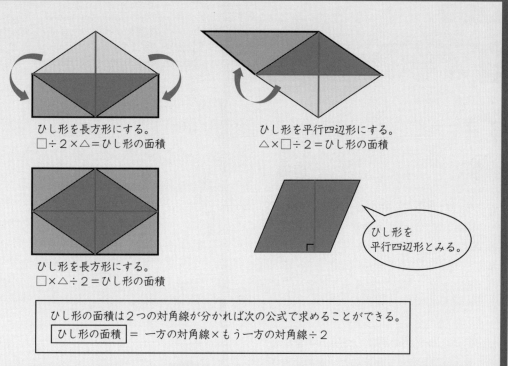

ひし形を長方形にする。
□÷2×△＝ひし形の面積

ひし形を平行四辺形にする。
△×□÷2＝ひし形の面積

ひし形を長方形にする。
□×△÷2＝ひし形の面積

ひし形を平行四辺形とみる。

ひし形の面積は2つの対角線が分かれば次の公式で求めることができる。

ひし形の面積 ＝ 一方の対角線×もう一方の対角線÷2

4 僕は違う長さが知りたい！

僕は，みんなと違う長さが知りたいな

ひし形は平行な2組の辺をもつことから平行四辺形とみることができ，包摂関係を利用し見方を変えることで，他の図形として解決できる。実際に平行四辺形とみて底辺と高さを実測し，面積を求めさせ，ひし形の面積とほぼ同じ面積になることを実感させたい。

まとめ

　ひし形の面積の公式を「一方の対角線×もう一方の対角線÷2」としているのは，2つの対角線が正方形の「一辺×一辺」のように同一のものと捉えてしまうおそれがあるためである。異なる対角線の長さをかけ合わせるという意味を明確化した表現を用いることが大切だと考える。

本時案

一般四角形の
面積の求め方を
考えよう

本時の目標

・一般四角形の面積の求め方を理解することが
できる。

授業の流れ

1 一番面積が大きいのは
どれでしょうか

3つとも18cm²になって
同じ面積になるよ

右の３つの四角形を提示し「一番面積が大
きいのはどれでしょう」と発問し，自力思考に
入る。

㋐ $(4+2)×3÷2+(4+2)×3÷2=18$

㋑ $(2+2+2)×3÷2+(2+2+2)×3÷2=18$

㋒ $6×3÷2+6×3÷2=18$

意図的に，長い式で表現している子を指名
し，どのように面積を求めたのか，式で表現さ
せる。そして，式を洗練させていく活動に入
る。

３つの図形の中で一番面積が
大きいのはどれでしょう。

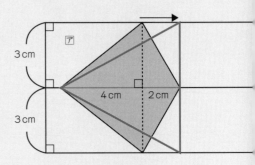

ア $(4+2)×3÷2+(4+2)×3÷2=18$
イ $(2+2+2)×3÷2+(2+2+2)×3÷2=18$
ウ $6×3÷2+6×3÷2=18$

2 もっと式を簡単にできる！

四角形を２つの合同な三角形に分けて
考えているので，１つの三角形を求め
て，２倍したらいい

㋐ $(4+2)×3÷2×2$

㋑ $(2+2+2)×3÷2×2$

㋒ $6×3÷2×2$

3 式が同じになるよ

式も答えも同じということ
は，同じ図形にすることは
できないのかな？

３つの三角形とも底辺が６cmと分かるの
で，さらに式を洗練していくと同じ式になるこ
とを確認する。

㋐ $6×3÷2×2$

㋑ $6×3÷2×2$

㋒ $6×3÷2×2$

・既習の面積をもとに考えたり，多様な図形の見方で面積の求め方を考えることができたか。

・児童用のア〜ウの図
・教師用の拡大したア〜ウの図

10 分数のたし算とひき算

11 平均

12 単位量当たりの大きさ，速さ

13 面積

14 割合

15 帯グラフと円グラフ

16 正多角形と円

17 角柱と円柱

もっと式をかんたんにできるよ！

イ　2cm　2cm　2cm
ウ　6cm

同じ形の三角形になる

ア　（4＋2）×3÷2×2＝18
イ　（2＋2＋2）×3÷2×2＝18
ウ　6×3÷2×2＝18

ア　6×3÷2×2＝18
イ　6×3÷2×2＝18
ウ　6×3÷2×2＝18

ア　6×6÷2＝18
イ　6×6÷2＝18
ウ　6×6÷2＝18

ちがう形の四角形でも、見方を変えると同じ式や形にして面積を求めることができる。

4　同じ形になるかな？

　子どもから，同じ形にする見方を引き出すことは難しいため，まず教師がウの図形の頂点を動かし，大きな三角形ができることを見せる。すると「同じようにアもイも三角形にできる」と子どもが動き出すだろう。3つの図形が合同な三角形になったことを確認し，式でも表現する。

ア　6×6÷2＝18　　イ　6×6÷2＝18
ウ　6×6÷2＝18

まとめ

　「どうして，大きな三角形とみて面積を求めることができるのかな？」と問い，三角形は底辺と高さが変わらなければ面積は変わらないことを根拠に説明する姿を引き出したい。
　また，「だったら，ひし形にもできるよ」と子どもから引き出せると，さらに図形の見方が豊かになり，面白くなるだろう。

本時案

既習の図形を台形の面積の公式に統合する

授業の流れ

本時の目標
・既習の面積が台形の面積の公式に統合できることを理解することができる。

1 （□＋□）× 高さ ÷2 の式で面積が求められる図形を選ぼう

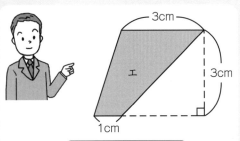

この式は台形の面積の公式だから，エだけだね。
（3＋1）× 3 ÷ 2 ＝ 6
6 cm²

子どもは，既習の知識から台形の面積を求める公式だと気付き，エを選択するだろう。

学級の実態によっては右の図形を提示せず式だけ提示したり，提示する図形の数を制限したりするなど，別の展開も考えられる。

下のア〜エの図形の中で，（□＋□）× 高さ ÷2 の式で面積が求められる図形を選びましょう。

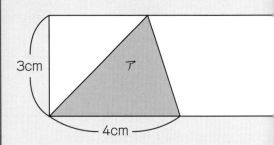

三角形の上底を0cmと見る！
ア　（0＋4）× 3 ÷ 2 ＝ 6　6 cm²
台形の面積の公式が使える。

2 他の図形の面積も求めることができるの？

去年の 5 年生は，この式でイ・ウも求められる！　と言っていました。本当かな？

子どもから「他の図形も……」という視点が出なければ教師が「台形の公式だから，イの長方形やウの平行四辺形の面積は求められないね」と断定したり，上記の発問を行ったりするなど，様々な視点の与え方で揺さぶる。

3 長方形も平行四辺形も求められる！

どうして，台形とみることができるのかな？

イの長方形は同じ長さの上底と下底をもつ台形とみる。ウの平行四辺形も同じ長さの上底と下底をもつ台形とみる。すなわち，上記 2 つの図形は，台形と見ることで，台形の面積の公式が適用できるのである。台形の定義である「向かい合う一組の辺が平行」という視点で 3 つの図形の共通点を見いだし，統合する。

本時の評価

・長方形や正方形，平行四辺形，三角形の面積を台形の面積の公式に統合できたか。

準備物

・児童用のア〜エの図の紙
・教師用の拡大したア〜エの図

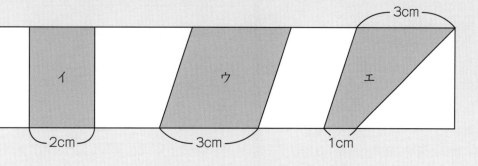

他の図形も台形の面積を求める公式が使えるのか？

3cm

イ 　 ウ 　 エ

2cm 　 3cm 　 1cm

エ（3 + 1）× 3 ÷ 2 = 6
イ（2 + 2）× 3 ÷ 2 = 6
ウ（3 + 3）× 3 ÷ 2 = 9

向かい合う一組（二組）の辺が平行であるため台形と見ることができ、台形の面積の公式で求めることができる。

4 三角形も台形の面積の公式で求められるかな？

三角形の上辺を 0 cm と考えると
（0 + 4）× 3 ÷ 2 = 6
6 cm² になる。三角形の面積の公式で確かめても 6 cm² となるよ

3 つの図形が台形の面積の公式が適用できることを知ると、自然と子どもの問いは「三角形も台形の面積の公式で求めることができるのかな」となる。

まとめ

既習の図形である長方形，平行四辺形，三角形が台形の公式で面積が求められることが分かると，子どもの問いは「だったらひし形や正方形も台形の面積の公式で求めることができるのか」となるだろう。家庭での自主的な学習として取り組んでみても面白い。

参考：『自分の言葉で説明する算数授業』盛山隆雄 著（東洋館出版社）

本時案

三角形や四角形の高さ（底辺）と面積の2量の関係を考えよう

12/12

本時の目標
・三角形や四角形の底辺や高さに伴う面積の変わり方を理解することができる。

授業の流れ

1 ア〜ウに入る言葉を考えよう

> 縦の長さ が決まっているとき 長方形 の面積は 横の長さ に比例します

> 他の言葉も入るよ

右の問題を提示し，ア〜ウの□に入る言葉を考える。問題の意味を理解するためにも，教師が例示してもよい。

長方形の面積と横の長さは比例の関係であることを確認する。

子どもが「他の言葉も入る」と発言したところで自力思考に入る。

もし，子どもから上記のような発言が出なければ「ア〜ウに入る言葉はこれだけだね」と断定し揺さぶる。

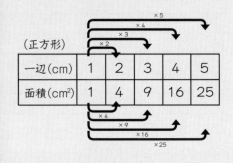

> ア が決まっているとき イ の面積は ウ に比例します。
> ア〜ウにはどんな言葉が入るでしょか。

（正方形）

一辺(cm)	1	2	3	4	5
面積(cm²)	1	4	9	16	25

×2　×3　×4　×5
×4　×9　×16　×25

一辺が決まっているとき，
正方形の面積は一辺に比例していない。

2 イに入る図形は何かな？

> イに入る図形は何かな？

> 三角形！　平行四辺形！

> ひし形　正方形

子どもはアやウには底辺や高さ，対角線，一辺など，イには正方形や平行四辺形，三角形，ひし形，台形などの言葉を入れると予想している。子どもの意見にずれが生まれるイから取り上げる。

3 ひし形，平行四辺形，三角形，正方形，どれが正解かな？

> 4つのうち，どれが正解かな？

> 一辺を2倍，3倍……すると面積は4倍，9倍……になるから比例の関係ではない

イに入る図形を考えることで，アとウの言葉も考える展開となる。学級の子どもの反応からどの考えを取り上げ展開していくのかを決める。例えば，正方形の一辺と面積の2量を表に整理し，比例の関係ではないことを確認する。

10 分数のたし算とひき算

11 平均

12 単位量当たりの大きさ、速さ

13 面積

14 割合

15 帯グラフと円グラフ

16 正多角形と円

17 角柱と円柱

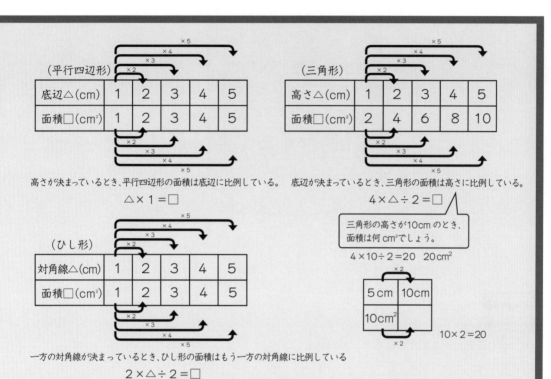

（平行四辺形）

底辺△(cm)	1	2	3	4	5
面積□(cm²)	1	2	3	4	5

高さが決まっているとき、平行四辺形の面積は底辺に比例している。

$$△×1＝□$$

（三角形）

高さ△(cm)	1	2	3	4	5
面積□(cm²)	2	4	6	8	10

底辺が決まっているとき、三角形の面積は高さに比例している。

$$4×△÷2＝□$$

三角形の高さが10cmのとき、面積は何cm²でしょう。

$$4×10÷2＝20 \quad 20cm²$$

5cm	10cm
10cm²	

$$10×2＝20$$

（ひし形）

対角線△(cm)	1	2	3	4	5
面積□(cm²)	1	2	3	4	5

一方の対角線が決まっているとき、ひし形の面積はもう一方の対角線に比例している

$$2×△÷2＝□$$

4 △と面積は比例の関係！

次に，平行四辺形の高さと面積（底辺と面積），三角形の高さと面積（底辺と面積）の２量を表に整理し，比例の関係であることを確認する。最後にひし形の対角線と面積の２つ数量も表に整理し比例関係を確認する。これらの２量の比例関係を面積は□，底辺（高さ）は△として，式でも表現させる。また，子どもが自らイメージしやすい数値を選び，帰納的に説明することを期待したい。

まとめ

比例の活用として三角形を例として出題する。

高さが10cmのとき，面積は何cm²でしょう

ここで，公式を適用し $4×10÷2＝20$ と求める子がいる一方で，比例の関係から答えを求める子もいるだろう。この考えを引き出したい。

半径 5 cm の円にぴったり入る正方形をかきました。この正方形の面積を求めましょう。

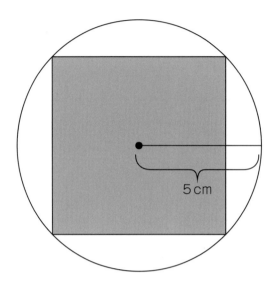

⑦と⑦の色のついた部分の面積は同じです。

なぜ，同じ面積になるのでしょうか。説明しましょう。

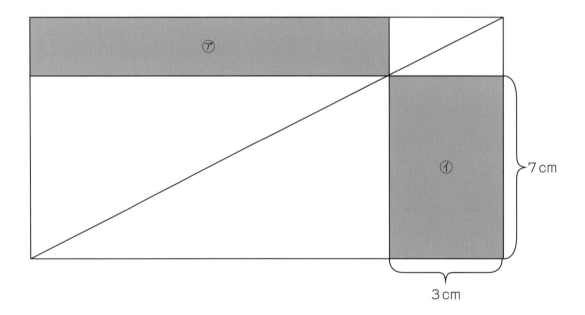

次の二等辺三角形の面積を求めましょう。

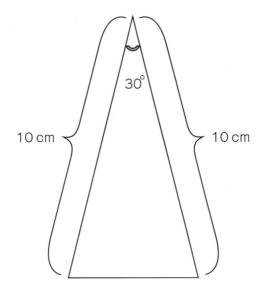

色のついた部分の面積を求めましょう。

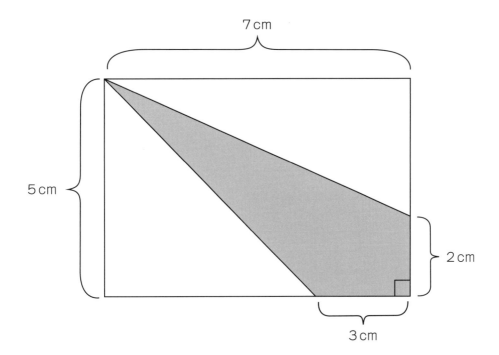

(1) 色のついた部分の面積を求めましょう。

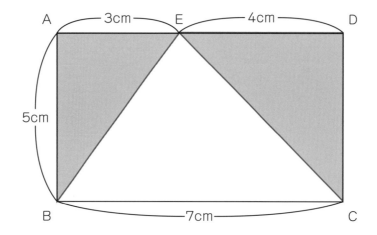

(2) 点Eを移動します。色のついた部分の面積を求めましょう。

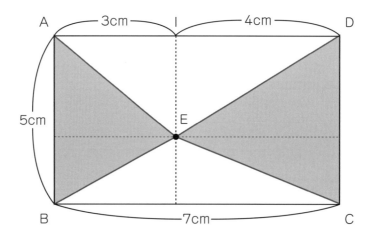

(3) (1)と(2)の面積は等しくなります。なぜ，等しくなるのか，説明しましょう。

図形の高さの $\frac{1}{2}$ のところに，底辺に平行に引いた直線を中央線ということにします。

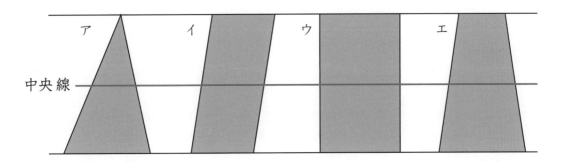

この中央線の長さを使って，面積を求めることができます。

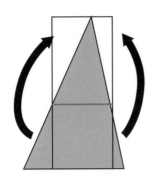

三角形の面積＝	中央線 × 高さ
平行四辺形の面積＝	中央線 × 高さ
長方形の面積＝	中央線 × 高さ
台形の面積＝	中央線 × 高さ

上のア～エの面積は，次の公式で求めることができます。

図形の面積＝中央線 × 高さ

参考：『算数授業研究 87号』筑波大学附属小学校算数研究部（東洋館出版社）
　　　　『算数科授業づくりの基礎・基本』坪田耕三（東洋館出版社）
　　　　『わくわく算数 5』（啓林館，H 26），『新しい算数 5 下』（東京書籍）

14 割合　　8時間扱い

単元の目標

- 2つの数量の関係と別の2つの数量の関係を比べる際に，割合を用いる場合があることを理解することができる。
- 2つの数量の関係と別の2つの数量の関係について，図や式などの数学的な表現を用いて，考察することができるとともに，それらを日常生活に生かすことができる。

評価規準

知識・技能	①2つの数量の関係と別の2つの数量の関係とを比べる場合に割合を用いる場合があることを理解している。
思考・判断・表現	②日常の事象における数量の関係に着目し，図や式などを用いて，2つの数量の関係と別の2つの数量の関係との比べ方を考察することができている。
主体的に学習に取り組む態度	③割合を用いて，比較したり考察したりするよさに気付き，学習や生活に生かそうとしている。

指導計画　全8時間

次	時	主な学習活動
第1次 割合	1	「同じ味」を考える課題を通して，「全体を1とみる見方」という割合の見方で数量の関係を捉える。
	2	「同じ味」を考える課題を通して，「割合の見方」と「差の見方」を比較しながら，問題を解決する。
	3	シュートの成績のよさを比べる中で，「全体を1とみる見方」という割合の見方で問題を解決する。
	4	割合の問題を求める際に，数直線や4マス関係図などを用いて，問題を解決する。
第2次 百分率と歩合	5	割合の表し方として，百分率があることを知り，その意味と表し方を理解する。
	6	割合の表し方として，百分率や歩合があることを知り，いろいろな割合を百分率や歩合で表す。
第3次 割合を使う問題	7	和や差を含んだ割合の問題を通して，比べられる量やもとにする量を求める。
	8	買い物の場面を想定した課題を通して，割合の学習で学んだことを活用し，よりお得な買い物の仕方を考える。

割合
104

10 分数のたし算とひき算

11 平均

12 単位量当たりの大きさ、速さ

13 面積

14 割合

15 帯グラフと円グラフ

16 正多角形と円

17 角柱と円柱

単元の基礎・基本と見方・考え方

⑴割合の難しさ

　割合は，同種の２つの数量の関係を比べる表現であり，抽象的な数であるために子どもにとって，その意味が分かりにくいということがある。また，基準となる量が異なるのに同じ「１」としてみることに抵抗感があることなどが理由に挙げられる。

⑵今までの比べ方

　２つの数量を比べるときは，今まで，差の見方（月曜は火曜より……）を主に用いてきた。その後，２つの数量を比べる場面において，差の見方ではなく，新たに倍の見方（月曜は火曜の……倍です）で比べる学習に進んでいく。倍の見方の素地的な考えは，２年生のかけ算の学習から始まり，「月曜をもとにして，火曜は月曜の〜倍」という表現で，整数倍，小数倍を学習し，本単元につながっている。

⑶倍の見方と割合の見方

　割合の見方とは，倍の見方とよく似た見方であるが，同じではない。割合の見方とは，２つの数量の関係と別の２つの数量の関係を比べる場合に用いるもので，２つの数量の関係には，それぞれ比例関係が成り立っているのが前提である。一方，倍の見方は，局所的な関係を表すものである。例えば，バスケットボールで10回シュートして６回入ったえまさんの場合で考えてみる。倍の見方でみるとは，シュートした数を１とみるとその0.6倍に当たる数が入ったとみることであり，その10回と６回だけをみて行う局所的な見方である。一方，割合の見方でみるとは，えまさんはいつも（シュート数）×0.6＝（入った数）という関係で入ると仮定して上手さを捉えることである。そのときの0.6が割合である。だから，以下の表のように，比例関係があるとして考えるので，えまさんとれんくんのシュートの上手さを比べることができる。

えまさんのシュート

シュート数	10	20	30	40
入った回数	6	12	18	24

もし，20回シュートしたときに15回入ったとすると，上手さが変わってくる。

れんくんのシュート

シュート数	8	16	24	32	40
入った回数	5	10	15	20	25

⑷見えにくいものを見えるものにして比べる

　２つの数量の関係を扱っていくので，その数が何を示しているのか，理解しにくくなる子どもも出てくるであろう。その場合，図や式や言葉などを用いて，見えにくい数量関係を視覚化していく。そして，子どもたちから出てくるであろう，多くの考えを子どもが解釈し合う時間を設定し，図や式や言葉などを関連付けて，割合の見方という新たな数学的な考えに価値付けていけるように，子ども同士の考えをコーディネートしていくことを心がけたい。

⑸割合の見方のよさ

　割合のよさは，「全体の量は違っても，全体（もとにする量）を１とみれば，部分（比べられる量）はそのいくつか分という数で表すことができ，その数で比べることができる」ということである。このよさについて本単元の中で子どもたちが気付くことが肝要である。そのために子どもたちに割合で表すよさや割合で比べるよさを感じさせるしかけや揺さぶりが必要である。

本時案

同じ味にするために①（ミルクコーヒー）

1/8

本時の目標

・「同じ味」を考える課題を通して，割合の見方で数量の関係を捉えることができる。
・割合の概念である「全体を 1 とみる見方」に気付くことができる。

授業の流れ

1 Sの容器（200 mL）にはどこまでコーヒーを入れたらいいのかな？

M の容器と同じ味にするためには，S の容器の半分より下

容器の $\frac{1}{4}$ くらいだよ

　M の容器とコーヒーの量との関係を手がかりに S の容器について考えさせる。まず，M の容器にコーヒーがどれくらい入っているかについて，S の容器のコーヒーの量を動的に動かし，どこまでがコーヒーか考えさせる。全体の $\frac{1}{4}$ などの，全体と部分の考えを引き出す工夫を行い，そのような意見は黒板に書き留めておく。

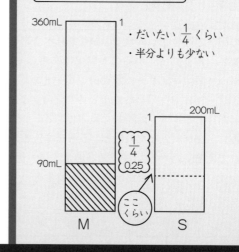

M の容器には、360mLのミルクコーヒーを作るときのコーヒーが入っています。(後からミルクを加えます) Sの容器でも同じ味のおいしいミルクコーヒーを作ります。

おいしいミルクコーヒーを作るワザ
コーヒーを容器の＿＿まで入れる。

360mL　　1
・だいたい $\frac{1}{4}$ くらい
・半分よりも少ない

90mL

$\frac{1}{4}$
0.25

ここくらい

200mL
1

M　　　　　S

2 Sの容器（200 mL）に入れるコーヒーの量って何 mL かな？

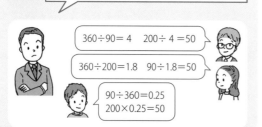

$360 \div 90 = 4$　　$200 \div 4 = 50$

$360 \div 200 = 1.8$　　$90 \div 1.8 = 50$

$90 \div 360 = 0.25$
$200 \times 0.25 = 50$

　数値を用いて考える際に，様々な考えが出てくるであろう。子どもの実態に応じて，友だちの考えを解釈する時間を十分に設け丁寧に指導していく。

3 考えの中によく出てきた数は？

4 と 0.25

4 と 0.25って，同じなの

　図を手がかりに，割合の見方に気付かせ，全体と部分の考えに焦点化していく。
　最後に，容器を 1 とみて，それをもとの量として，コーヒーを0.25とみる見方を割合と言うことを指導する。

10 分数のたし算とひき算

11 平均

12 単位量当たりの大きさ、速さ

13 面積

14 割合

15 帯グラフと円グラフ

16 正多角形と円

17 角柱と円柱

本時の評価

・既習事項や図・表を使い，問題を解決することができたか。
・「全体を1とみる見方」という割合の意味を知ることができたか。

・$360 \div 90 = \underline{4}$
　$200 \div \underline{4} = 50$

・$90 \div 360 = \underline{0.25}$
　$200 \times \underline{0.25} = 50$

・$360 \div 200 = 1.8$
　$90 \div 1.8 = 50$

・$90 \div 360 = \dfrac{1}{4}$
　$\dfrac{1}{4} \rightarrow \underline{0.25}$
　$200 \times \underline{0.25} = 50$

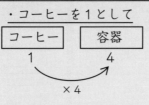

4と$0.25\left(\dfrac{1}{4}\right)$って同じ？

・コーヒーを1として

コーヒー	容器
1	4

×4

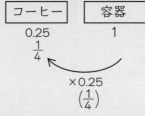

・容器を1として

コーヒー	容器
0.25 $\dfrac{1}{4}$	1

×0.25 $\left(\dfrac{1}{4}\right)$

だからミルクコーヒーは
コーヒーを容器の$\dfrac{1}{4}$まで入れる

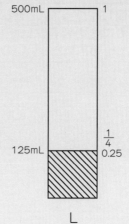

Lサイズでは？

500mL　1

125mL　$\dfrac{1}{4}$　0.25

L

$500 \times 0.25 = 125$
$500 \div 4 = 125$

---

4 同じ味を作るためには
500 mL の L サイズには，
どれだけコーヒーを入れる？

$500 \times 0.25 = 125$

$500 \div 4 = 125$

全体の量が変わっても，容器に対するコーヒーの割合は変わらないことを押さえる。

まとめ

　割合では，2つの数量の関係と，もう一方の2つの数量の関係を捉える導入が多い。しかし，それらの場合は，複数の数値を比較するため難しくなることが多いので，本時の導入のように同じ味にする方が，2量の関係を捉えやすくなるはずである。そして，部分と全体を捉えることに重きを置き，容器を1として，コーヒーが0.25，$\dfrac{1}{4}$という見方をしっかりと押さえたい。

本時案

同じ味にする ために② （カフェ・オレ）

本時の目標

・「同じ味」を考える課題を通して，割合の見方で数量の関係を捉えることができる。
・「割合の見方」と「差の見方」を比較しながら，問題を解決することができる。

授業の流れ

1 同じ味のカフェ・オレを作るためにSの容器にはどこまでコーヒーを入れたらいいのかな？

Mの場合，カフェ・オレを作るのにミルクコーヒーのコーヒーに18mL足したから，Sの場合も18mL足したらいい

容器を1にして考えると，なんか変

　前時のコーヒーの量と今回のMカフェ・オレのコーヒーの量を手がかりにSの容器について考えさせる。まず，Mの場合前時のコーヒーに18mL加えたことから，Sの場合も18mL加えた考えが出てくるであろう（差の見方）。一方で，容器を1とする割合の見方も出てくるであろう。

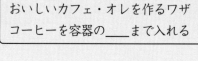

おいしいカフェ・オレを作るワザ
コーヒーを容器の＿＿まで入れる

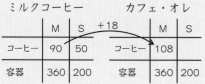

	ミルクコーヒー			カフェ・オレ	
	M	S		M	S
コーヒー	90	50	+18	108	
容器	360	200		360	200

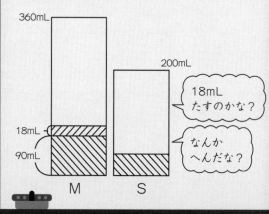

18mL
たすのかな？

なんか
へんだな？

2 Sの容器（200 mL）に入れるコーヒーの量って何mLかな？

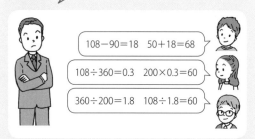

108－90＝18　50＋18＝68

108÷360＝0.3　200×0.3＝60

360÷200＝1.8　108÷1.8＝60

　子どもの実態に応じて，様々な友だちの考えを解釈する時間を十分に設け，丁寧に指導していく。

3 コーヒーの量って68 mLと60 mLどちらかな？

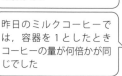

容器がMからSに小さくなるのに，同じ量増やすのはおかしい

昨日のミルクコーヒーでは，容器を1としたときコーヒーの量が何倍かが同じでした

　図を手がかりに，差の見方と割合の見方を比較させる。最後に，容器を1とみて，それをもとの量とする見方に気付かせたい。

10 分数のたし算とひき算

11 平均

12 単位量当たりの大きさ、速さ

13 面積

14 割合

15 帯グラフと円グラフ

16 正多角形と円

17 角柱と円柱

本時の評価

・既習事項や図・表を使い，問題を解決することができたか。
・「割合の見方」と「差の見方」の違いを知り，問題場面に適した「割合の見方」で問題を解決することができたか。

・$108 - 90 = 18$
$50 + 18 = 68$

・$108 \div 360 = 0.3$
$200 \times 0.3 = 60$

・$108 \div 360 = \dfrac{108}{360}$
$ = \dfrac{3}{10}$

$\dfrac{3}{10} \rightarrow 0.3$
$200 \times 0.3 = 60$

・$360 \div 200 = 1.8$
$108 \div 1.8 = 60$

68mLなの？　60mLなの？

・容器のMからSに小さくなったのに、コーヒーの量を同じ量増やすのはおかしい。

・容器を1としたときコーヒーは0.3まで入れるのにおかしい。

もし $\dfrac{68}{200} = \dfrac{34}{100} = 0.34$

だから
カフェ・オレは
コーヒーを容器の0.3まで入れる
$\dfrac{3}{10}$

このように
容器を1としたとき
もとにする量
コーヒーが $\left\{ \begin{array}{l} 0.25倍になる \\ 0.3倍 \end{array} \right.$
割合
ように入れると同じ味になる。

2つの数量があったとき、一方の量がもとにする量の何倍にあたるかを表す数を割合といいます。

4 カフェ・オレを作るときは，容器のどこまでコーヒーを入れたらいいの？

容器の0.3

Lサイズの容器でも作れそう

全体の量が変わっても，容器に対するコーヒーの割合は変わらないことを押さえる。

まとめ

　導入の2時間「同じ味」を考える課題を通して，数量の関係について，割合の見方で捉えることをねらって授業する。特に，本時は，「割合の見方」と「差の見方」を比較しながら，問題解決にあたることにした。容器を基準にすることで，同じ味ができること，そして，容器の0.25倍や0.3倍のコーヒーの量にすればどんな容器でも同じ味を作ることができることを気付かせたい。

本時案

シュートが上手なのはだれかな？

本時の目標

・シュートの成績のよさを比べる中で、全体を1とみる「割合」の見方を知り、各種の数学的な表現を用いることでその意味について考えることができる。

授業の流れ

1 「バスケットボール大会のシュートの成績がよかったのは、誰かな？」ということを調べるのに、何が分かればいい？

> 何回入ったか

> 何回シュートしたか

シュート成績がよかったという文脈を捉えるために、まず、何が必要で、どうなったら、シュートの成績がよいかについて、時間をかけて考えることが大切である。また、A・B・Cではなく、先生の名前などに変えることでより意欲的に課題に向かうこともあるので、実態に応じたアレンジが必要である。

バスケットボール大会のシュートの成績がよかったのはだれかな？

○は入った ×は入らなかった。

A	○ ○ ○ ○ ○ ○ × × × ×
B	○ × ○ × ○ × ○ × ○ ×
C	× × ○ ○ ○ ○ ○ ×

> ここまでならA ずっと入っているから

A vs B
勝ち

同じシュート数で
シュートがたくさん
入っているから

<u>シュート数が同じ</u>

B vs C
　　　勝ち

シュートが5回入っ
ているけどCのシュート
数が少ないので

<u>入ったシュート数が同じ</u>

---

2 誰と誰だったら、成績がよいかすぐ分かる？

> AとBだったら、分かります。だって、同じシュート数でたくさん入っているのでA

> それだったら、BとCも分かるよ

何が同じだからとか、何かを揃えたら、比べることができるという既習事項を確認し、それらを黒板に書き留めながら進めていく。

---

3 AとCのシュートの成績がよかったのは、どっちかな？

> Aは10球中6球入ったので、40球中24球入る。Cは8球中5球入ったので、40球中25球入る。だからC

> A：6÷10＝0.6
> C：5÷8＝0.625。
> だから、C

何を揃えたのかや式・数の解釈に時間をかけ、考えを共有していく。

---

10 分数のたし算とひき算

11 平均

12 単位量当たりの大きさ、速さ

13 面積

14 割合

15 帯グラフと円グラフ

16 正多角形と円

17 角柱と円柱

本時の評価

・既習事項や数直線を使い，問題を解決することができたか。
・「全体を 1 とみる見方」という割合の見方で問題を解決することができたか。

○ A vs C

シュート数も入った数もちがうのでムリ

	A	B	C
入った数	6	5	5
シュート数	10	10	8
	0.6	0.5	0.625

・A $\dfrac{6}{10} = \dfrac{24}{40}$

　C $\dfrac{5}{8} = \dfrac{25}{40}$

通分する 分母を同じに

・A $\dfrac{6}{10} = 6 \div 10 = 0.6$

　C $\dfrac{5}{8} = 5 \div 8 = 0.625$

　B $\dfrac{5}{10} = 5 \div 10 = 0.5$

$$シュートの成績 = \dfrac{入った数}{シュート数}$$
$$= (入った数) \div (シュート数)$$

割合

比べられる量（部分の量）　もとにする量（全体の量）

0.6・0.5・0.625って何？

・1回シュートしたら入る数

　A　0.6回

　B　0.5回

　C　0.625回

変だよ

⇒ シュート数を1とみたとき、入った数がどのくらいかを表す数→割合

・0.5→半分

ではもし1の時って　　もし0の時って
→全部入る　　　　　　→全部入らない

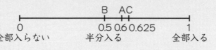

```
        B  AC
├───────┼──┼┼──────────┤
0       0.5 0.6 0.625   1
全部入らない 半分入る      全部入る
```

4 0.6や0.625や0.5ってどんな数なのかな？

1回シュートしたときに入った回数

0.5なら分かる。半分でしょ

では，これが1の時ってどんな時かな？

全体を 1 にしたときの部分に当たるものの割合で比べるよさに気付くように，0.5を手がかりに 1 や 0 について，数直線などで確かめながら進めていく。

まとめ

　割合の意味をしっかりと考えさせたい。比べるために今までだったら，何かを揃えていたはずである。その流れは，本時でも，シュートした回数や成功した回数を揃えることになる。しかし，それが難しい場面に直面することで，新しい考えを創造させたい。そして，全体を 1 とみる割合の見方のよさにつながっていく展開をめざしたい。

割合を
見えるものにしよう

4/8

・もとにする量，割合，比べられる量のうちの
　1つが分からないとき，その値を求めること
　ができる。
・数直線や4マス関係図などを用いて，問題
　を解決することができる。

授業の流れ

1 この問題を考えるために，
数直線を使って解きましょう。
どこにどんな数が入るかな？

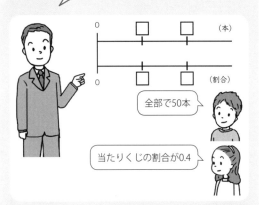

全部で50本

当たりくじの割合が0.4

　教科書などには，完成した数直線が載せられ
ているので，かき方を確認し，立式のための道
具として使えるように指導したい。既習してい
ない場合は，同様なものとして，4マス関係
図もこちらから提示するようにしたい。

くじが全部で50本あります。
当たりくじの割合は0.4です。
当たりくじは、何本入っていますか。

数直線の□の中に数を入れよう。

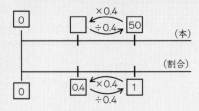

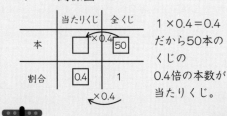

4マス関係図

	当たりくじ	全くじ
本	□ ×0.4	50
割合	0.4	1

×0.4

1×0.4＝0.4
だから50本の
くじの
0.4倍の本数が
当たりくじ。

もとにする量が分からないときは，わり算で求め
るということは，今後，どこかのタイミングで押
さえる。

2 当たりくじを□本として，
数直線と4マス関係図から，
式を考えよう

□÷50＝0.4
□＝50×0.4
□＝20

50×0.4＝20

　数直線と4マス関係図などを使い，矢印を
かき込んだり，数や言葉をつけ加えたりしなが
ら，それぞれの図のよさを確認し，これ以降立
式のための道具，説明のための道具になるよう
に価値付けたい。

3 数直線や4マス関係図などを
使って，次の問題を考えてみよう

数直線で当たりくじの割合
は，ここが0.3だから，
15÷□＝0.3
15÷0.3＝50

4マス関係図で，全部の
本数が分からなくて，割合
と当たりくじの本数が分
かっているから，
15÷0.3＝50

　2つの図を使い説明させるようにしたい。

本時の評価

・数量の関係について，数直線や４マス関係図などに整理し，問題を解決することができたか。
・数直線や４マス関係図を用いて，自分の考えを説明することができたか。

・□÷0.4＝50

　　　□＝50×0.4

　　　□＝20

・50×0.4＝20

当たりくじの割合30％の
くじを作っています。当たりくじ
を15本にすると，くじは全部で
何本になりますか。

数直線・４マス関係図
を使ってみて

・式を立てるとき便利

・分からないところを
　□にして数直線でも
　４マス関係図でも書
　きこめば，式を立て
　ることができる。

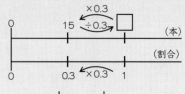

・□×0.3＝15

　　　□＝15÷0.3

　　　□＝50

・15÷0.3＝50

比べられる量が分からないときは，かけ算で求めると
いうのは，今後，どこかのタイミングで押さえる。

4 これらの図を使って
いいことはありますか？

式を立てるとき，使える

数直線も４マス関係図も
分からないところを□にし
て式にするところは同じ

　小数のかけ算・わり算においても同様だが，
数量の関係を図に表すことを手がかりに式を立
てるように指導していきたい。そして，式を立
てるとき，説明するときに便利だということを
共有したい。

まとめ

　割合では，「く・も・わの式」「割合
の『の』の前がもとにする量」という
ように，問題文からもとにする量と割
合と比べられる量を識別し，式に当て
はめて，答えを出す子どももいる。数
量の関係などは理解せず，形式的な処
理をしようしている。数量関係を理解
させるために，式を覚えなくても解く
ことができるように，これらの線直線
や４マス関係図を価値付けたい。

10 分数のたし算とひき算

11 平均

12 単位量当たりの大きさ，速さ

13 面積

14 割合

15 帯グラフと円グラフ

16 正多角形と円

17 角柱と円柱

本時案

身近な○○率を見つけよう

本時の目標

・割合の表し方として，百分率があることを知り，その意味と表し方を理解する。
・いろいろな割合を百分率で表すことができる。

授業の流れ

1 身の回りの百分率を探そう。その写真を見て，○○率を見つけよう

生活の中で使われている○○率を探す活動をする。投票率や正答率など様々なものが出てくるであろう。いくつか選び，意味を教師が説明する。例えば，投票率は，有権者をもとにした投票した人の割合。正答率は，全問題数をもとにした正解した問題数の割合など。

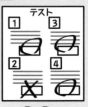

身の回りの○○率

投票率　正答率

有権者をもとにした

18歳以上の人口

投票した人の割合

問題数をもとにした
正答した問題数の
割合

・打率　　打数をもとにしたヒット数の割合

・乗車率　定員をもとにした乗車した人数の
　　　　　割合

2 バスA，バスBの乗車率を表そう

バスA　40÷50＝0.8

バスB　50÷50＝1

もとにする量を100として割合を表すことがあります。それを百分率と言う

乗車率は，バスの定員をもとにした乗車している人の割合であることの説明を行う。身近なものだが，きちんと意味を理解していない子どもも多いので意味をしっかりと押さえる。

3 バスA，バスBの乗車率を百分率で表そう

バスA　0.8だから80%
（パーセント）

バスB　1だから100%

新しい割合の一つの表し方なので，パーセントの記号の書き順も丁寧に押さえる。実態に応じて，小数から百分率へ言い換える練習を行う。

10	分数のたし算とひき算
11	平均
12	単位量当たりの大きさ、速さ
13	面積
14	割合
15	帯グラフと円グラフ
16	正多角形と円
17	角柱と円柱

本時の評価

・百分率の意味を理解し，百分率を扱った問題を解くことができたか。

・様々な割合を百分率で表すことができたか。

定員が50人のバスA、バスBがあります。バスAには40人、バスBには50人乗っています。それぞれ乗車率を考えよう。

バスA　40÷50＝0.8

バスB　50÷50＝1

もとにする量を100として表す割合
⇒百分率

バスA　0.8 ⇒ 80%
　　　　0.8×100＝80

バスB　1 ⇒ 100%
　　　　1×100＝100

ぴったりちょうどいい

・全部で20問のテストがあります。そのうち、15問正答しました。

15÷20＝0.75
0.75×100＝75

75%
正答率

・有権者が15000人の町で選挙がありました。そのとき、投票した人は9000人でした。

9000÷15000＝0.6
0.6×100＝60

60%
投票率

・サッカーの試合を4試合しました。その4試合すべて負けました。

0÷4＝0

0%
勝率

・クラスの人数が30人です。犬をかっている人は、12人でした。

12÷30＝0.4
04×100＝40

40%
犬をかっている率

---

4 では，他の割合も百分率で表しましょう

15÷20＝0.75だから正答率は75%

9000÷15000＝0.6だから投票率は60%

○○率という言葉だけでなく，○○をもとにした△△の割合と価値付けることで，既習の割合と身近な百分率とを関連付けていくように指導する。

まとめ

子どもたちにとって，難しい割合の単元であるが，百分率に関して言えば，実は身近な生活の中にあることに気付かせたい。そして，その百分率の○○率は，○○をもとにした△△の割合であると価値付けることで，学習したことと生活を結び付け，割合の理解度を上げていきたい。

本時案

3割バッターに なるために

・割合の表し方として，歩合があることを知り，その意味と表し方を理解することができる。
・問題場面を理解しながら，歩合の問題を解くことができる。

授業の流れ

1 打数に対するヒット数の割合を打率と言います。打率を求めましょう

	打数（回）	ヒット数（本）
鈴木選手	50	14
大谷選手	200	63

打率 打数をもとにしたヒット数の割合

鈴木選手　$14 \div 50 = 0.28 \Rightarrow 28\%$
　　　　　　　　　　　　$\Rightarrow 2割8分$

大谷選手　$63 \div 200 = 0.315 \Rightarrow 31.5\%$
　　　　　　　　　　　　$\Rightarrow 3割1分5厘$

割合		歩合
0.1	→	1 割
0.01	→	1 分
0.001	→	1 厘

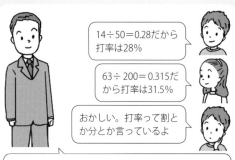

14÷50＝0.28だから打率は28%

63÷200＝0.315だから打率は31.5%

おかしい。打率って割とか分とか言っているよ

割・分・厘などを用いて，割合を表すことがあります。それを歩合と言います。割合の0.1を1割，0.01を1分，0.001を1厘

　歩合は，割合の新しい表し方なので，教師が教えるようにする。歩合も，身近なものだが，きちんと意味を理解していない子どもも多いので，意味をしっかりと押さえる。

2 鈴木選手と大谷選手の打率を歩合で表してみましょう

0.28だから2割8分

0.315だから3割1分5厘

　初めての言い方なので，クラスみんなで声を揃えて言うなど，丁寧に時間をかけて行う。時間があれば，百分率を歩合で言い換える練習も行う。

3 野球の世界では，打率が3割のバッターをほめたたえます。では，鈴木選手があと10回打席に立つとします。あと何本ヒットを打てばいいでしょうか

あと10回打席に立つってことは，全部で何回打席に立つことになるかな？

全部で60回

　問題把握に時間がかかることも予想されるので，班などで教え合う時間を設ける。もし，四球などの質問が出てきたら，この問題では考えないものとすると付け加える。

10 分数のたし算とひき算

11 平均

12 単位量当たりの大きさ、速さ

13 面積

14 割合

15 帯グラフと円グラフ

16 正多角形と円

17 角柱と円柱

本時の評価

・歩合の意味を理解し，百分率や歩合を扱った問題を解くことができたか。
・歩合の問題について，問題場面を理解しながら，様々な条件を整理し解決することができたか。

打率が3割⇒3割バッター

> すごい選手、一流の選手

3割バッターになるために

両選手ともあと10回打席に立つとします。あと何本ヒットを打てばよいでしょうか。

鈴木選手
> あと10回打席に立つってことは、全部で60回

・$60 × 0.3 = 18$
$18 - 14 = 4$　　4本

・$□ ÷ 60 = 0.3$
　　$□ = 60 × 0.3$
　　$□ = 18$

$18 - 14 = 4$　　4本

大谷選手

・$210 × 0.3 = 63$

> おかしい

・$□ ÷ 210 = 0.3$
　　$□ = 210 × 0.3$
　　$□ = 63$

もうヒットを打たなくても3割バッターになれる

---

4 では，大谷選手の場合も考えてみましょう

> 計算してみると，おかしい。ヒットを打たなくてもいい

　鈴木選手の問題をした後の問題なので，前の問題と比較しながら問題を解くように声かけをする。答え方についても，しっかりと確認する。

まとめ

　難しい問題であり，野球を知っている子どもとそうでない子どもとの差は大きいかもしれないので，必要に応じて，班での教え合い時間や意図的に立ち止まる時間を設定する必要がある。ただ，本時で学習したことを用いた最後の問題については，粘り強く問題に取り組んで，答えにたどりついてほしい。

割合を使う
問題を解こう

授業の流れ

1 □にどんなものが入りますか？

定価200円のチョコレートが売っています。今から20□引きのタイムセールを行います。

パーセント

円

子どもたちからアイデアを募ることで，「20％引き」「20％ってことは，２割引き」「20％引きってよく聞く」「安くなるんだよね」などのつぶやきを期待し，それらから少しずつ課題に近づくことで，課題の難易度も下がることをねらっている。

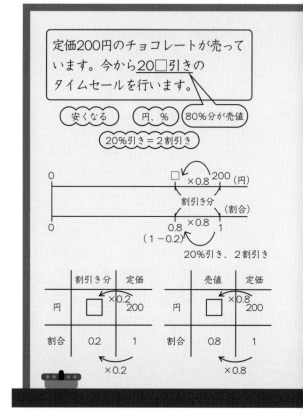

定価200円のチョコレートが売っています。今から20□引きのタイムセールを行います。

安くなる　　　　円、％　　　　80％分が売値

20%引き＝２割引き

20%引き、２割引き

	割引き分	定価
円	□	200
割合	0.2	1

	売値	定価
円	□	200
割合	0.8	1

2 20％引って，どういうことかな？今までのように図を使って考えていきましょう

引くんだから，200円より安くなる

数直線で考えていこう

初めてのことなので，図がかけない子どもも出てくるであろう。実態に応じて，ペアや班での学習を織り交ぜていく。

3 まず式を言ってみましょう

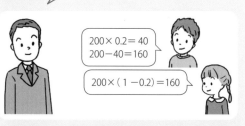

200×0.2＝40
200−40＝160

200×（1−0.2）＝160

式から，その数の説明のときに図を用いるように仕向ける。ここでも，数直線や４マス関係図などをかかせ，それらの図を解釈する時間を設ける。

本時の評価

・和や差を含んだ割合の場面において，数直線や４マス関係図などを用いて，問題を解決することができたか。

・$200 \times 0.2 = 40$　割引き分
　$200 - 40 = 160$

・$200 \times \underset{0.8}{(1 - 0.2)} = 160$

20%引き⇒80%分で売ること

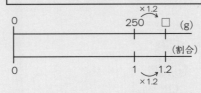

250g入りのおかしが
20%増量して売られるそうです。
おかしの量は何gになりますか。

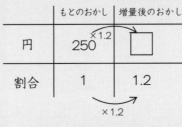

$250 \times (1 + 0.2) = 300$
$250 \times 0.2 = 50$
$250 + 50 = 300$

4 20%増量ってどういうことかな？

今度は，20%増えるんだよ

何の20%増えるのかな？

　この問題においても，「何の20%なのか」などが，ポイントになってくる。まずは，数直線や４マス関係図などの図をかいて，考えていこうと指導していく。

まとめ

　本時は，数直線や４マス関係図などを使い，「何が問われているのか」「この数値は，図ではどこの部分なのか」など，図・式・言葉などを関連させて考えていく。答えにたどりつけない子どもがいることも予想されるので，ペアや班などでの教え合いや学び合いの時間を設定し，子ども同士が頭を突き合わせながら，みんなが理解することが大切であることも指導する。

本時案

どちらの店が
お得かな？

本時の目標

・買い物の場面を想定して，既習事項を活用して，よりお得な買い物の仕方を考えることができる。

授業の流れ

1 直観でＡ店とＢ店の
どちらの店が安そうですか？

イメージで感想を出し合う時間を大事にする。割合のまとめの授業なので，割合の見方が身についていることを期待し，多くの子どもの考えを聞くようにする。

2 値段が同じという考えの人の
気持ちを考えよう

他者の考えを解釈する時間を設定し，気付きを交流する時間を設ける。割合を足していいのかという疑問を丁寧に扱いたい。

3 $0.2+0.2=0.4$
$0.1+0.3=0.4$はどうかな？

このミスコンセプションは丁寧に扱いたい。

10	分数のたし算とひき算
11	平均
12	単位量当たりの大きさ、速さ
13	面積
14	割合
15	帯グラフと円グラフ
16	正多角形と円
17	角柱と円柱

本時の評価

・買い物の場面を想定して，既習事項を活用して，よりお得な買い物の仕方を考えることができたか。

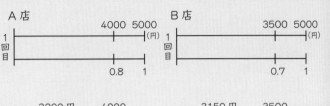

同じ値段になるの？

0.2＋0.2＝0.4
0.3＋0.1＝0.4
5000×（1－0.4）＝3000

この考えはおかしい

・5000×（1－0.2）＝4000
4000×（1－0.2）＝3200

・5000×（1－0.3）＝3500
3500×（1－0.1）＝3150

もしこの考えが正しければ

50％が2回あったら
50％＋50％＝100％
100％引き⇒タダ

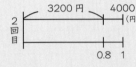

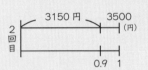

4 どちらが安いか計算してみよう

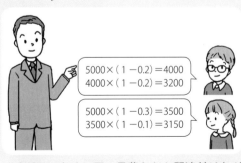

5000×（1－0.2）＝4000
4000×（1－0.2）＝3200

5000×（1－0.3）＝3500
3500×（1－0.1）＝3150

式だけでなく，図・言葉などと関連付けながら指導していく。

まとめ

本単元では，割合の学習を言葉の式や公式による，計算の処理だけで終わるのではなく，2量の数量関係を把握できることをめざしていく。そして，割合の問題解決だけに終始するのではなく，日常生活や他の学習の中で使える視点や使える能力として，身につけるようにしたい。まさに，本時での考えが，日常生活において使える力になっていくことを期待する。

15 帯グラフと円グラフ 〔5時間扱い〕

単元の目標

・帯グラフと円グラフを用いる場面を知り，目的に応じて資料を帯グラフや円グラフに表したり，特徴をよみ取ったりすることができる。
・目的に応じて表やグラフを選び，活用することができる。

評価規準

知識・技能	①帯グラフや円グラフは割合を表すグラフであることを知る。 ②帯グラフや円グラフに表したり，よみ取ったりすることができる。
思考・判断・表現	③帯グラフと円グラフの全体と部分の関係を捉え，特徴を説明することができる。また，目的に応じてグラフを選び，活用することができる。
主体的に学習に 取り組む態度	④帯グラフや円グラフのよさに気づき，進んで生活や学習に活用しようとする。

指導計画 全5時間

次	時	主な学習活動
第1次 帯グラフ・円グラフの よみ方，よさ，表し方	1	2つの資料を比較するために，割合を活用することができる。
	2	割合のデータを表す帯グラフと円グラフを知り，棒グラフに表した場合と比較して，そのよさを理解する。
	3	農作物の収穫量についての帯グラフや円グラフから特徴をよみ取ることができる。
	4	2つの資料を比較するために表すグラフを考え，帯グラフ（円グラフ）の表し方を考えることができる。
第2次 帯グラフ・円グラフの 活用	5	2つの帯グラフを比較して，割合の数値と割合に当たる数量との関係を考えることができる。

10 分数のたし算とひき算
11 平均
12 単位量当たりの大きさ、速さ
13 面積
14 割合
15 帯グラフと円グラフ
16 正多角形と円
17 角柱と円柱

単元の基礎・基本と見方・考え方

⑴帯グラフ，円グラフの基礎・基本

　帯グラフも円グラフも，事象にある数量の関係を割合で捉え，基準となる量と比較する量との関係をグラフとして視覚的に表したものである。

　帯グラフは，帯状の長方形を割合に対応させていくつかの長方形に区切って表したものである。円グラフは，円を割合に対応させておうぎ形に区切って表したもので，$\frac{1}{2}$ や $\frac{1}{4}$ といった割合を捉えやすい。

　なお，複数のデータについて各項目の割合を比較するときは，帯グラフがわかりやすい。年次変化による項目同士の比較の場合は特にそうである。

　その際に気を付けたいのは，各帯グラフの数量の合計が異なっているときである。その場合，割合が小さくなっているのに実際の数量は大きく，見た目では比較できないことがある。

⑵帯グラフ，円グラフの見方・考え方

　第5学年では，身の回りの事象について感覚的に判断したり，考えたりするのではなく，データに基づいて判断する統計的な問題解決の方法を知ることが大切である。

　統計的な問題解決とは，一般に次の5つの段階のことを言っている。

① 　身の回りの事象について，自分の問いや問題意識に基づき統計的に解決できそうな問題を設定する。
② 　どのようなデータをどのように集めるかの計画を立てる。
③ 　データを集めて表などに分類整理する。
④ 　目的に応じて，観点を決めて数値を表に整理したり，グラフに表したりして，データの特徴や傾向を捉える。
⑤ 　問題に対する結果をまとめるとともに，新しい問題を見いだす。

　大切なのは，得られた結果の意味や妥当性を批判的に検討し，データを集め直したり，観点を変えて表やグラフに表し直したりする態度を養うことである。

　上の①～⑤のサイクルをもう一度回すような活動をつくることがあってもよい。時間的がとれない場合は，総合的な学習の時間を活かすなど，カリキュラムマネジメントの視点をもって柔軟に単元の学習を計画することが必要である。

本時案

割合で
比べてみよう

本時の目標

・東小と西小の給食調べの結果を表から読み取り，割合にして比べる必要から，割合を求めて比べることができる。

授業の流れ

1 東小と西小の好きな給食調べのアンケート結果を比べて，どんなことが分かるかな？

東小は，西小に比べてカレーライスが好きな人が多いよ

いや，西小の方が多いと思います

どういう意味？

日常生活に関連した問題を扱うことで，子どもたちの意欲を喚起する。

実際の人数を見る子どもと，割合に目を向けようとする子どもの両方を取り上げ，子ども達の中にずれをつくり，問いを引き出すようにする。

東小学校と西小学校で好きな給食調べのアンケートをとりました。

〈東小〉 625人			〈西小〉 260人		
メニュー	人数(人)	％	メニュー	人数(人)	％
カレーライス	250	㊵	カレーライス	117	㊺
あげパン	150	㉔	ラーメン	52	⑳
ラーメン	75	⑫	あげパン	26	⑩
ハンバーグ	50	⑧	シチュー	18	⑦
シチュー	40	⑥	ハンバーグ	13	⑤
やきそば	25	④	やきそば	10	④
その他	35	⑥	その他	24	⑨

2 どうして西小の方が多いと言えるのかな。その理由を考えてみよう

東小は625人中250人，西小は260人中117人だから，西小は半分近くがカレー好きだよ

もとの人数が大きく違うから，割合にして比べないとおかしいよ

学校全体の児童数とカレーライスが好きな児童数との関係に目を向けようとする発想を取り上げるようにする。

3 全体の人数に対するカレーライスが好きな人の人数の割合が西小の方が高いのかな？

東小は250÷625＝0.4だから40％，西小は117÷260＝0.45だから45％，西小の方が割合は高いよ。そういうことか！

割合の求め方を確認する。基準となる量で割ることが基本である。

10 分数のたし算と ひき算

11 平均

12 単位量当たりの 大きさ、速さ

13 面積

14 割合

15 帯グラフと 円グラフ

16 正多角形と円

17 角柱と円柱

本時の評価

・給食調べのアンケート結果を比べる際，実際の人数ではなく，割合にして比べる必要を感じ，その理由を説明することができたか。また，それぞれのメニューの人数の割合を計算で求め，気付いたことを話し合うことができたか。

比べてどんなことがわかるかな

○東小はカレーライスが好きな人が多い。

西小の方が多いよ。 → どういう意味？

割合に表して比べてみよう。

人数は東小が多いけれど，割合にすると西小の方が多いと言える。

東小…250÷625=0.4 40%
西小…117÷260=0.45 45%

割合に表して比べてみよう。

百分率にするとき，$\frac{1}{10}$の位を四捨五入。

○東小はあげパンの好きな人の割合が高い。
　東小24%，西小10%

○ラーメンやシチューも人数は東小の方が多いけれど，割合は西小の方が高い。

○やきそばは，両方4%だけど，人数がぜんぜんちがう。
　東小25人…4%
　西小10人…4%

全体の人数に対する割合を見ることが大切！

---

4 他のものも割合にしていいですか？

では，他のメニューも割合で表してみよう

やきそばは，東小も西小も4%だけど，東小の人数は25人，西小の人数は10人でぜんぜん違うね

基準となる量が異なると，同じ割合でも割合にあたる数量は異なることを改めて確認する。この割合をどのように視覚的に表すかが次時の課題となる。

まとめ

　給食調べという子どもにとって身近なものを扱い，興味関心をもたせる。
　実際の人数だけの比較なら，差で比べればいいが，5年生は割合を学習しているので，全体に対してどのぐらいの割合かという観点から数値を見直そうとする子どもが現れるだろう。その発想をもとに割合を計算し，比較する。

本時案

グラフの特徴を考えよう

本時の目標

・棒グラフと比較することで，帯グラフや円グラフの特徴を見いだすことができる。

授業の流れ

1 昨日考えた給食調べの割合を見やすく表すには，どうすればいいかな？

グラフに表せばいいと思います

棒グラフはどうかな？

全体の中でどのぐらいの割合か，関係が見えるように表すことが大事です

　子どもは，まだ割合を表すグラフのことを知らないが，棒グラフのような大小比較が分かるグラフではなく，全体と部分の関係が分かるようなグラフにしたいという発想を引き出すことが大切である。

割合を見やすく表すにはどうすればいいかな？

東小と西小の給食調べ

・グラフに表す
・棒グラフにする
↓

割合の多い順とか、大小はわかる。でも全体の中で、どのぐらいかはよくわからない。

・全体と部分の関係が見えるようなグラフにする。
・例えば、東小のカレーライスが好きな人は「全体の40％」がわかりやすいようにする。

---

2 棒グラフにしてみよう

（実際に棒グラフをかいてみる）

割合の多い順とか，大小は分かります。でも，全体の中でどのぐらいかは，よく分かりません

　棒グラフをつくってみることで，後から示す帯グラフや円グラフの特徴を明確にする意図がある。

3 では，このグラフを見てください

全体が長方形のグラフだ

全体が100％を表しています

カレーライスやあげパンの全体にしめる割合が大きいことがよく分かります

　棒グラフと比較して気付いたことを言わせる。「帯グラフ」という名称を教える。

10	分数のたし算とひき算
11	平均
12	単位量当たりの大きさ、速さ
13	面積
14	割合
15	帯グラフと円グラフ
16	正多角形と円
17	角柱と円柱

本時の評価

・棒グラフと比較することで，帯グラフや円グラフは全体に対してどのぐらいの割合かが見やすいという特徴があることに気付くことができたか。

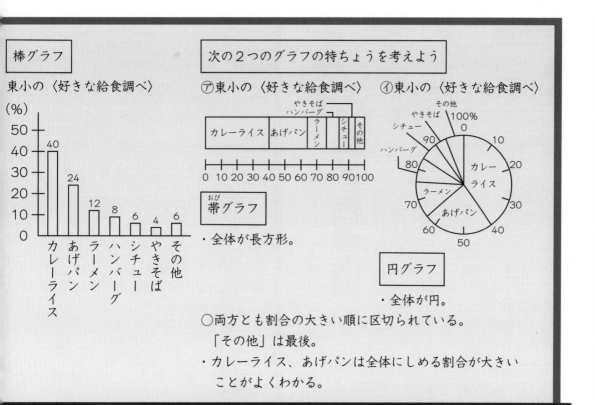

棒グラフ

東小の〈好きな給食調べ〉

次の2つのグラフの特ちょうを考えよう

⑦ 東小の〈好きな給食調べ〉

帯グラフ

・全体が長方形。

④ 東小の〈好きな給食調べ〉

円グラフ

・全体が円。

○両方とも割合の大きい順に区切られている。
　「その他」は最後。
・カレーライス、あげパンは全体にしめる割合が大きい
　ことがよくわかる。

4 もう1つこのグラフも見てください

あっ，今度は全体が円になった

1周で100%を表しています

帯グラフと同じで，割合の大きい順に並んでいます

　棒グラフ，帯グラフとの比較に中で円グラフの特徴を明らかにしていく。

まとめ

　割合を表すグラフは，全体と部分の関係に着目できる点が特徴である。
　ある部分が全体に対してどのぐらいの割合かが見やすいことを子どもに気付かせたい。
　そのために，一旦棒グラフに表し，棒グラフと比較することで特徴を見いださせるようにする。

本時案

どんなことが
読み取れるかな？

3/5

授業の流れ

1 これは何のグラフかな？

青森の収穫量が50%を超えています

青森だからりんごだ！

2位が長野だからやっぱりりんごだと思います

長野は20%だよ

　なんの農作物の収穫量かを考えさせながら，帯グラフからわかることを自由に言わせるようにする。青森県が高い割合を占めることに気づかせる。

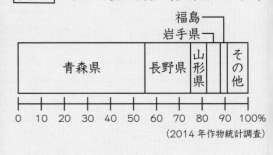

ある農作物の収かく量の都道府県別の割合を表したものです。

りんご の収かく量の割合（合計約82万t）

| 青森県 | | 長野県 | 山形県 | その他 |

福島
岩手県

0　10　20　30　40　50　60　70　80　90　100%

（2014年作物統計調査）

・日本の収かく量の50%以上を青森県がしめている。
・長野県は20%。
・りんごだと思う。

食べたことある！

正解

---

2 これは，「りんご」の収穫量でした

青森県は，日本全体の57%も作っているんだ。すごいなあ

82万トンのうちの57%だから，82×0.57＝46.74 約47万トンも作っていることになります

　りんごの収穫量は，青森が全体の半分以上を占めていることがぱっと見てわかることに気づかせたい。

---

3 この2つのグラフからは，どんなことが読み取れるかな？

アもイも山梨県が1位だよ

アは34%，イは24%です

長野や山形は，どの農作物の収穫量の割合も多いことが分かります

　何の農作物かを考えながら，2つのグラフの特徴を見いだす。

・帯グラフや円グラフを見て，どの県がどのぐらいの収穫量の割合があるかなどについて説明することができたか。

どんなことが読みとれるかな？（2014年作物統計調査）

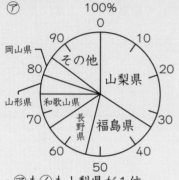

もも の収かく量の割合（約14万t）
ア

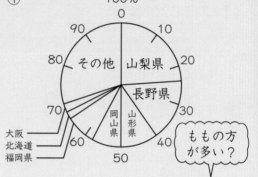

ぶどう の収かく量の割合（約19万t）
イ

・アもイも山梨県が1位。

　ア…34%

　イ…24%

・長野県や山形県はりんごだけでなく、いろいろな果物の収かく量が多い。

・ぶどう、もも、りんご

ももの方が多い？

山梨県はどちらの方が収かく量が多い？

もも　　14×0.34＝4.76

ぶどう　19×0.24＝4.56

同じぐらい！

収かく量の合計と割合で決まる

---

4 アがもも，イがぶどうの収穫量の割合の円グラフです

山梨では，ぶどうよりももの方が収穫量が多いんだね

でも，元の量が違うから計算してみないとわからないよ

　山梨県のももとぶどうの収穫量を比較してみると，ほぼ同じぐらいの量であることが分かる。割合にあたる量は，基準量によって異なることを理解する。

まとめ

　帯グラフや円グラフを提示して，何の農作物のグラフかを考えさせることで，グラフが表す特徴に目を向けさせるようにする。

　1つのグラフの内容の読み取りと，グラフ同士を比較しながらの読み取りをさせ，割合を表すグラフに慣れさせるようにする。

本時案

帯グラフに表そう

本時の目標
・給食調べのデータをもとに，帯グラフをつくって考察することができる。

授業の流れ

1 東小では好きな給食調べを，1〜3年生と4〜6年生にわけて調べてみました

それぞれの結果をグラフにしましょう

前，東小と西小の給食調べのときは，割合を出して比べたよね

今回も合計の人数が違うので，割合を計算して，帯グラフにしてみた方がいいと思います

どんなグラフに表すか，から子どもに考えさせるようにする。単元の1時間目に給食調べを扱っているので，割合を出してグラフにする発想が出てくるだろう。

東小学校では、好きな給食について、1〜3年と4〜6年にわけて調べてみました。
それぞれの結果を帯グラフに表して比べてみよう。

| | (1〜3年) | |
メニュー	人数(人)	百分率(%)
カレーライス	145	43
あげパン	83	24
ハンバーグ	31	9
シチュー	30	9
ラーメン	24	7
やきそば	12	4
その他	15	4
合計	340	100

| | (4〜6年) | |
メニュー	人数(人)	百分率(%)
カレーライス	105	36
あげパン	67	24
ラーメン	51	18
ハンバーグ	19	7
やきそば	13	5
シチュー	10	4
その他	20	6
その他	285	100

---

2 割合を計算するときに，割り切れないときはどうしますか？

百分率を整数で表すなら，小数第何位まで求める必要があるのかな？

小数第3位まで計算します

割合を計算するときは，割合にあたる量を基準量でわること，小数第3位まで計算して四捨五入することなどを押さえる。

3 あれっ，合計が100％にならないよ。どうしてかな？

四捨五入して概数にしているから合わなくなると思います

そのときは，割合の一番大きい部分か，「その他」を増やしたり減らしたりして合計を100％にするように調整します

子どもに100％にならないことに気付かせてから，その対応の仕方を教えるようにする。

10	分数のたし算とひき算
11	平均
12	単位量当たりの大きさ、速さ
13	面積
14	割合
15	帯グラフと円グラフ
16	正多角形と円
17	角柱と円柱

本時の評価

・給食調べのデータを比較するときに、全体の人数が異なることから、割合にして比較する考えに気付く。そして、帯グラフのつくり方を知り、帯グラフをつくって比較することができたか。

全体の何％になるかをどうやって求めるの？

（例）カレーライス
　　　$145 \div 340 = 0.4264\cdots$
　　　　　　→約 43％
　　$\frac{1}{100}$ の位を四捨五入する。

合計 100％にならないときはどうするの？

割合のいちばん大きい部分か「その他」を増やしたり減らしたりして合計を 100％にする。

（4〜6年）は、カレーライスを
37％→36％
その他を 7％→ 6％で調整。

好きな給食（1〜3年）　　　合計 340 人

カレーライス	あげパン	ハンバーグ	シチュー	ラーメン	やきそば	その他

0　10　20　30　40　50　60　70　80　90　100
（％）

好きな給食（4〜6年）　　　合計 285 人

カレーライス	あげパン	ラーメン	ハンバーグ	やきそば	シチュー	その他

0　10　20　30　40　50　60　70　80　90　100
（％）

〇1〜3年はカレー好きの割合高い。
〇4〜6年はラーメン好きの割合高い。
〇1〜3年と4〜6年で分けて調べると新しく見えてくることがある。

4　1〜3年の方がカレーライスが好きな人の割合が高いことが分かります

4〜6年は、ラーメンが好きな人の割合が高いですね

あげパンは、両方とも好きな人の割合が高いです

　好きな給食調べも、1〜3年と4〜6年にわけて調べると、やや傾向が異なることに気付かせたい。

まとめ

　本時は、目的をもって帯グラフに表す学習をする。その際、割合の計算処理の仕方や、合計100％にならない場合は、割合が一番大きい部分か、「その他」で調整して処理をする仕方について学ぶ。

　単元の導入時に一度給食調べを扱っている。本時は、さらにデータを1〜3年と4〜6年にわけてとって考察するという文脈をつくっている。

帯グラフを
比べてみよう

本時の目標

・2つの帯グラフを比較し，割合が増えても基準量が異なれば割合にあたる数量が必ずしも増えるわけではないことを理解することができる。

授業の流れ

1 西小学校では，20年前に行った好きな給食調べの結果を帯グラフに表して今のものと比べてみました

どんなことが読み取れるかな？

20年前に比べて，カレーライスの好きな人が増えたよ

でも好きな人は増えていないんじゃない？

でも，30%が45%に増えたでしょ

単元の導入で扱った給食調べの文脈で，20年前の資料との比較場面を提示した。

百分率の数値と，実際の人数との違いを明確にして，帯グラフから読み取れることを整理していくことが大切である。

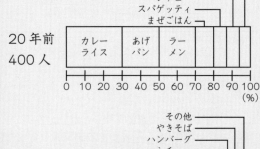

西小学校では、20年前に行った好きな給食調べの結果を帯グラフに表して比べてみました。

〈好きな給食調べ〉

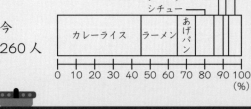

20年前
400人

カレーライス　あげパン　ラーメン

その他
シチュー
スパゲッティ
まぜごはん

0 10 20 30 40 50 60 70 80 90 100 (%)

今
260人

カレーライス　ラーメン　あげパン

その他
やきそば
ハンバーグ
シチュー

0 10 20 30 40 50 60 70 80 90 100 (%)

2 カレーライスが好きな人は，本当に増えたのかな？

元の人数が違うからです

20年前は，400×0.3＝120（人）。
今は，260×0.45＝117（人）割合は，今の方が高いけれど，人数は，20年前の方が多いです。

百分率の数値だけでは人数の大小を判断できないことに気づかせる。

3 20年前は，あげパンが人気があったんだね

ラーメンは，両方とも20%だけど，人数は違うよね

20年前は，400×0.2＝80（人）
今は，260×0.2＝52（人）
だいぶ違うね

百分率の示す数値と割合にあたる量の意味や違いを理解することが大切である。

10
分数のたし算と
ひき算

11
平均

12
単位量当たりの
大きさ、速さ

13
面積

14
割合

15
帯グラフと
円グラフ

16
正多角形と円

17
角柱と円柱

本時の評価

・20年前と今の給食調べの帯グラフを見て，カレーライスが好きな人の割合が増えていることから，カレーライスが好きな人の人数も増えているのかどうかを考え，その理由を説明することができたか。

どんなことが読みとれるかな？

○カレーライスの好きな人が増えた。

> 増えて
> いないよ。

> でも、30%が45%に
> なったから。

○ラーメンは、20年前も今も20%で
同じ割合。

> 人数はちがうでしょ。

○20年前のまぜごはんと今のあげパン
も両方とも10%で同じ割合。

○20年前は、あげパンを好きな人が
20%もいた。

カレーライスが好きな人数は増えたの
かな？

（20年前）400×0.3＝120　　120人
（今）　　　260×0.45＝117　117人

割合は15%も増えたのに、人数は減っている。
全校児童数が減っているので、割合は増えても
人数は増えていない。

◎ラーメン
（20年前）400×0.2＝80　80人
（今）　　　260×0.2＝52　52人

◎20年前のまぜごはんと今のあげパン
（20年前）400×0.1＝40　40人
（今）　　　260×0.1＝26　26人

---

4 20年前のまぜごはんと今の
あげパンも同じ10%だね

> ということは，20年前は
> 40人，今は26人というこ
> とですね

> 10%だから，計算しなくても
> 0をとるだけで人数がわかるね

まとめ

　単元の導入で東小と西小の給食調べ
の比較をした。その後，東小では，1
～3年と4～6年に分けてもう一度給
食調べをして考察している。
　本時は西小において，20年前の給食
調べと今を比較する形にして，同じ文
脈の中で帯グラフと円グラフの見方を
深めていこうとしている。

16 正多角形と円 　（10時間扱い）

単元の目標

・図形を構成する要素，並びに，図形を構成する要素の関係に着目することで，図形の性質を考察することができる。
・直径と円周の長さに着目して円周率を帰納的に考察して，理解することができる。
・見いだした性質について，筋道を立てて考え説明することができる。

評価規準

知識・技能	①円と関連させて正多角形の基本的な性質を知ることができる。 ②円周率の意味について理解し，それを用いることができる。
思考・判断・表現	③図形を構成する要素及び図形間の関係に着目し，構成の仕方を考察することができる。 ④図形の性質を見いだし，その性質を筋道立てて考え説明することができる。
主体的に学習に取り組む態度	⑤円と関連させて正多角形のよりよいかき方を考えたり，円周率について帰納的に考え，粘り強く求めたり，数学のよさを感じたりして今後の学習に生かすことができる。

指導計画　全10時間

次	時	主な学習活動
第1次 正多角形の理解	1	二等辺三角形を並べてできる図形を考える。 正多角形の意味を理解する。
	2	円の中心の周りの角を等分して正多角形を作図する。
	3	コンパスを利用して正多角形を作図する。
	4	時計の文字盤を利用して正多角形を作図する。
第2次 円の周りの長さ	5	正多角形をもとに直径の長さと円周の長さの関係について考える。
	6	いろいろな大きさの円で，円周の長さと直径の長さを調べ，円周率について理解する。
	7	直径の長さから円周の長さを求める。 直径の長さと円周の長さが比例関係にあることを見つける。
	8	円周の長さから直径の長さを求める。
	9	円周の長さについての活用問題を解決する。
第3次 プログラミング	10	コンピュータを使って正多角形のプログラミングを考える。

10	分数のたし算とひき算
11	平均
12	単位量当たりの大きさ、速さ
13	面積
14	割合
15	帯グラフと円グラフ
16	正多角形と円
17	角柱と円柱

単元の基礎・基本と見方・考え方

⑴円と正多角形を関連付ける

辺の長さが全て等しく，角の大きさが全て等しい多角形を，正多角形という。既習の正三角形や正方形も正多角形である。そして，正多角形には，円の内側にぴったり入る（円に内接する），円の外側にぴったり接する（円に外接する）などの性質がある。

例えば，円に内接する正五角形の頂点と円の中心とを結んでできる5つの三角形は，全て合同な二等辺三角形となる。この性質を利用すると円の中心角を5等分（360÷5＝72）し，中心角を72°にして二等辺三角形をかいていくと正五角形の作図ができる。このように正多角形の性質をもとに正多角形の内側の二等辺三角形に着目することで，正多角形の作図の方法へとつなげていく。

また，中心角が60°のときは，二等辺三角形が正三角形となり，正三角形の一辺の長さが半径と等しくなるため，円周をその円の半径の長さで区切っていくことで正六角形が作図できる。コンパスで半径と同じ長さで円周を区切っていくと正六角形が作図できる理由についても根拠をもって説明できるようにしていきたい。このように，正多角形は円と組み合わせて作図をしたり，円の性質と関連付けて理解したりできるようにすることが大切である。

⑵直径と円周の関係を見いだす

円について，直径の長さと円周の長さの間に何か関係がありそうだということに気付かせ，円周の長さは直径の長さの何倍になるかとの見通しを立てさせることが大切である。

そこで，次の3つの図形を提示してどの図形が周りの長さが一番長いかを考えさせる。実際に転がしてみるとよいという意見も出るが，転がさなくても重ねることで，どれが長いかが分かる。

円と正方形を重ねて，円に外接する正方形から，円周の長さは，正方形の周りの長さ（直径の4倍）よりも短いと言うことができる。

また，円と正六角形を重ねて円に内接する正六角形から，円周の長さは正六角形の周りの長さ（半径の6倍）よりも長いと言うことができる。

このことから，円周の長さは直径の3倍よりも大きく，4倍よりも小さいという見通しをもつことができる。

実際にいくつかの円について，直径の長さと円周の長さを測定する活動を行い，どんな大きさの円でも直径の3倍と少しになることから帰納的に考え，円周の長さの直径の長さに対する割合（円周率）が一定であることを理解できるようにしていく。

本時案

二等辺三角形を集めてできる図形

・二等辺三角形をもとに「正多角形」が構成できることの考察を通して、「正多角形」の意味や性質を理解できる。

授業の流れ

1 二等辺三角形を，円の中に図のように並べていきます。どんな図形になるか考えましょう

120°の場合正三角形だ

どうして正三角形と言えるのかな？

辺の長さが全て等しくて，角の大きさも全部60°になっている

３つの二等辺三角形を提示し，頂角が120°の二等辺三角形を例に，変身していく様子を見せ，正三角形と言える根拠を聞いていく。

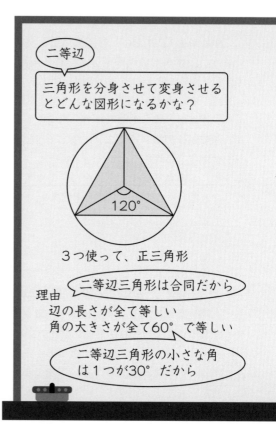

二等辺

三角形を分身させて変身させるとどんな図形になるかな？

120°

３つ使って、正三角形

理由　二等辺三角形は合同だから
辺の長さが全て等しい
角の大きさが全て60°で等しい

二等辺三角形の小さな角は１つが30°だから

2 60°の二等辺三角形（正三角形）の場合を予想しよう

六角形だと思う

360÷60をすればいい

60°の場面で立ち止まって予想を聞くことで，中心の角を割ることで求められることに着目させる。

3 できた図形に共通する点はどんなことかな？

どれも辺の長さと角の大きさが等しくなっている

正六角形と言っていいのかな

既習の正三角形や，正方形との共通点に目を向け，辺の長さと角の大きさが等しいことから正六角形と言えることを押さえる。

本時の評価

・二等辺三角形からできた正三角形，正方形，正六角形に共通する特徴を調べ，正多角形の性質や特徴を見いだすことができたか。
・正多角形の意味や性質を理解することができたか。

準備物

・頂角が120°と90°と60°になる二等辺三角形に切った色画用紙

120° の二等辺三角形 → 正三角形
90° の二等辺三角形 → 正方形（正四角形）
60° の二等辺三角形 → 六角形
（正三角形）　正

$360 \div 60 = 6$

円の中心の360° をわった

全ての辺の長さが等しくて，全ての角の大きさも等しい多角形を正多角形という。

正五角形はできないのかな？

計算するとできそう

$360 \div 5 = 72$
72° の二等辺三角形でできる

中心の角度 360	÷	三角形の数	＝	二等辺三角形の角度

だったら，もっと他の正多角形もできそう。

360の約数ならできる。

4つ使って，正方形
4つの辺の長さが全て等しい
角の大きさが全て90°で等しい

6つ使って，正六角形
6つの辺の長さが全て等しい
角の大きさも全て120°で等しい

---

4 正五角形はできないのかな？

二等辺三角形の角度は30°ずつ小さくなっているのに正五角形は出てこないね

計算するとできそう。360を5で割ると…

　正五角形が抜けていることに気付かせ，同じように考えると正五角形以外にもたくさんの正多角形ができることを発見していく。

まとめ

　二等辺三角形をもとにして，できる多角形の共通点に着目することで，正多角形の性質を見いだしていく。5年生で学習した合同など既習を使って根拠を明確にしながら説明できるようにしたい。二等辺三角形の角度を変えることで，いろいろな正多角形を考えることができるので，子どもが主体的に発見していく展開にすることが大切である。

正多角形を作図しよう

本時の目標
・円の中心の周りの角を等分する方法を利用して正多角形を作図できる。

授業の流れ

1 正八角形を作図してみよう

正八角形だから
360÷8＝45で，
45°でかいていくといいね

円を先にかいておくと
かきやすい

　正八角形の作図のしかたに困っている子どもには，前時に学習した正多角形が合同な二等辺三角形の集まりからできていることを思い出させる。

　正八角形の作図ができたら，隣の子どもと確認し合い，どうやってかいたか，黒板を使って説明させ，作図のしかたを共有していく。

正多角形の作図のしかたを
考えよう

正八角形を作図しよう

360÷8＝45

円を先にかいておくと
かきやすい。

45°

辺をかくのもわすれない

2 正五角形を作図してみよう

360÷5＝72で，
72°でかいていくといいね

あれ？
うまくかけない

　正八角形が作図できても，正五角形の作図で困る子どももいるので，困っているポイントを取り上げていく。

3 正五角形の作図と正八角形の作図はどこが違うのかな？

正五角形は半径でかいて
いかないといけない

偶数のときは，直径
でかいてもいい

　正五角形の作図と正八角形の作図を比較することで，正偶数角形と正奇数角形の特徴を見いだしていく。

本時の評価

・円の中心の周りの角に着目して正多角形の作図のしかたを考え，正多角形を作図することができたか。

正五角形の作図と正八角形の作図はどこがちがうのかな？

他にはどんな正多角形が作図できるかな？

・奇数の時は半径でかいていかないといけない。
・偶数の時は直径でかいてもいい。

・30°　で、正十二角形
・40°　で、正九角形
・36°　で、正十角形
・10°　で、正三十六角形

正五角形を作図しよう

$360 \div 5 = 72$

こまっているところ…

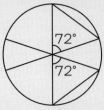

直径をひくとうまくできないから半径でかいていかないといけない。

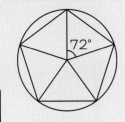

両方から72° 測ったらおかしくなった。

ほぼ円みたいになった。

正多角形は、円の中心の周りの角を等分するように半径をかいて、交点を結ぶと作図できる。
角度を細かくすると円に近づいていく。

---

4 他にどんな正多角形が作図できるかな？

30°でかいて正十二角形ができた

10°で正三十六角形をかいたらほぼ円になった

　自由に作図する時間を設けるとより細かい角度で作図する子どもが出てくる。その図を取り上げ，円に近づくことを押さえる。

まとめ

　円の中心の周りの角を等分して作図する方法を考えていくが，その際，正偶数角形と正奇数角形の特徴に目を向けることで直径が利用できる場合とできない場合があることに気付かせる。また，より細かい角度の作図にチャレンジしている子どもを取り上げ「円に近い」という言葉を引き出すことで，正多角形と円のつながりを意識させていく。

10 分数のたし算とひき算

11 平均

12 単位量当たりの大きさ、速さ

13 面積

14 割合

15 帯グラフと円グラフ

16 正多角形と円

17 角柱と円柱

本時案

コンパスで作図する正多角形

・等しい長さを利用して，正六角形を作図できることを理解できる。
・円の半径の長さを用いて正六角形を作図し，なぜ正六角形になるのかを筋道立てて説明できる。

授業の流れ

1 コンパスと定規だけを使って正多角形は作図できないのかな？

分度器が使えないから角度が測れない

コンパスはどんなときに使うのかな？

円をかくとき

あと，等しい長さを見つけるとき

　コンパスは等しい長さを測り取る道具であることを思い出させ，等しい長さだけでかくことのできる正多角形を考えていく。

等しい長さを見つける。

コンパスと定規だけで作図ができる正多角形を考えよう。

分度器は使わない

3つの辺の長さが等しくなるから正三角形。

---

2 どうして，コンパスで印をつけてかくと正三角形と言えるのかな？

コンパスを利用すると3つの辺の長さが全て等しくなる

　できた三角形が正三角形と言える根拠を聞いていく。

---

3 正三角形ができるのなら，正六角形もできそう

 正三角形を6つかくと正六角形になる

 合同な正三角形だから周りの辺の長さが等しくて，角の大きさは全て120°になる

　正三角形を集めることで，正六角形を作れることを振り返るようにし，辺の長さや角の大きさを根拠に説明させる。

10 分数のたし算とひき算

11 平均

12 単位量当たりの大きさ、速さ

13 面積

14 割合

15 帯グラフと円グラフ

16 正多角形と円

17 角柱と円柱

本時の評価

・既習である正三角形の作図をもとにして，正六角形を作図することができたか。
・円の中心から頂点に半径をかくと正三角形ができることに着目して正六角形と言える理由を考えられたか。

円をかいて、その半径で印をつけて頂点を結んでいく。

正六角形になっている。

正三角形を6つかくことで正六角形になる。

どうしてこのかき方でも正六角形になると言えるのかな？

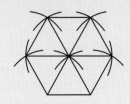

かんたんにかける。

中心から頂点に半径を引いていくと、半径と一辺の長さが同じだから正三角形6つに分けられる。

合同だから6つの辺の長さが等しくて、周りの角度も60°の2つ分で120°になる。

4 どうして，コンパスで印をつけてかくと正六角形と言えるのかな？

中心から半径をかくと合同な正三角形が6つできる

さっきと同じように辺の長さが等しくなるし、角の大きさも120°で等しくなるね

まとめ

　円の半径を用いて正六角形をかく方法はとても簡単であるが，なぜ正六角形になるかと聞かれると困ってしまう。
　これまでに正六角形は，正三角形の集まりからできていることを学習しているので，最初に正三角形を集めてかく方法を経験しておくことで，円の中に正三角形を見いだし，根拠をもって説明させるようにする。

時計の文字盤と正多角形

・身近な時計の文字盤の中に正多角形を見いだすことで，主体的にいろいろな正多角形を探し出し，正多角形の性質について理解することができる。

授業の流れ

1 時計を使うとどんな正多角形をつくることができるかな？

簡単。正十二角形ができる

1時間ごとで結んでいくとよい

他にもできそう

　時計の文字盤を提示し，どのような正多角形ができるかを問う。

　1時間ごとに結ぶと正十二角形と言える根拠も，二等辺三角形をかいて説明できるようにする。

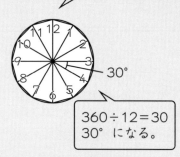

時計を使って正多角形をつくろう。

二等辺三角形が12こできるから正十二角形。

$360 \div 12 = 30$
$30°$ になる。

30°

1時間ごと　正十二角形

2 どんな正多角形ができたか発表しよう

2時間ずつだと正六角形ができる

3時間ずつだと正方形ができる

　子どものもっとできそうという意見を取り上げ，できた正多角形を発表していく。

3 どんなきまりがあるのかな？

結んでいく時間を2倍にすると，正多角形の頂点の数が二分の一になる

5時間ごとだと
$12 \div 5 = 2.4$

　きまりから5時間ごとだとどうなるか考えてみる。実際に興味をもって5時間ごとの線を結んでいる子どもがいたら取り上げる。

本時の評価

・時計の文字盤の数字や目盛りを利用して，いろいろな正多角形を考えられたか。
・正多角形の性質を意識してより多くの正多角形を見つけようとすることができたか。

10 分数のたし算とひき算

11 平均

12 単位量当たりの大きさ、速さ

13 面積

14 割合

15 帯グラフと円グラフ

16 正多角形と円

17 角柱と円柱

準備物

・時計の文字盤を印刷した紙

2時間ごと　正六角形

3時間ごと　正方形

4時間ごと　正三角形

きまりがある。

正十角形

$360÷10=36$
$36°$になる。

$36°$

$60÷10=6$
6分ごとに結ぶ。

1時間ごと　正十二角形
2時間ごと　正六角形
3時間ごと　正方形
4時間ごと　正三角形
5時間ごと　正2.4角形？

2倍　3倍　$\frac{1}{2}$　$\frac{1}{3}$

$12÷5=2.4$。

続けて結んでいったら星みたいになった。

分の目盛りを使うと他にもたくさんの正多角形をつくることができる。

4 正十角形はできないかな？

分の目盛りを使えばできる。$60÷10＝6$で6分ごとに結ぶ

だったら，他の正多角形もできる

正十角形はできないかと問うことで，分の目盛りに着目させる。12目盛りから60目盛りになることで正多角形の世界を広げていく。

まとめ

　時計という身近な教材を扱い，これまで学習してきた正多角形の理解を深めることをねらいとしていく。
　子どもたちがきまりを発見し，そのきまりを使って5時間ごとについて考えたり，もっと他に正多角形はつくれないかと考えていく中で，分の目盛りに着目したりするなど，子どもが探究的に活動できるようにしていきたい。

本時案

一番転がるのは
どれ？

本時の目標

・正多角形の性質を利用して，直径の長さと円周の長さの関係について考えることができる。

授業の流れ

1 一回転させたときに，どの図形が一番遠くまで転がるかな？

周りの長さが長いほうが，遠くに転がるね

正方形が一番遠くまで転がりそう

円も丸いから，のばすと長くなるかも

一回転して転がる距離は，周りの長さと同じことを確認し，どの図形が一番周りの長さが長くなりそうかを予想していく。

一回転させた時に一番遠くまで転がる図形はどれでしょうか。

10cm　　10cm　　10cm

周りの長さが長い図形が遠くまで転がる。

予想
　正方形
　　　一番大きそうだから。
　円
　　　丸いから意外と長いかも。

---

2 実際に転がさなくても確かめることはできるかな？

それぞれの図形を重ねてみたら分かる

正方形のほうが外側を通っているから正方形のほうが長い

円と正方形や正六角形を重ねることで，それぞれが円に接していることを確認し，より外側を通るほうが長くなることを押さえる。

---

3 円周の長さについてどんなことが言えるのかな？

正方形の周りの長さは10×4＝40だから40cmより短い

直径の4倍よりは短いということだね。正六角形よりは長いから……

正方形と正六角形の周りの長さの間にあることから直径の何倍にあたるかを考える。

---

10 分数のたし算とひき算

11 平均

12 単位量当たりの大きさ、速さ

13 面積

14 割合

15 帯グラフと円グラフ

16 正多角形と円

17 角柱と円柱

本時の評価

・円周の長さと，円に内接した正六角形の周りの長さ，円に外接した正方形の周りの長さを比較することを通して，円周の長さと直径の長さの関係について考えることができたか。

準備物

・正方形，正六角形，円の形に切った色画用紙

重ねて比べてみる

10cm / 10cm

10cm

円をかかなくても1つの二等辺三角形をかいて12倍したらいい。

正十二角形で調べてみよう。

5cm 30° / 75° □cm

およそ2.6 cm

正六角形のほうが、内側を通っているから、円のほうが正六角形より長い。

正方形のほうが、外側を通っているから、円よりも正方形のほうが長い。

$2.6 \times 12 \div 10 = 3.12$

正十二角形の周りの長さ

直径の長さ

正方形の周りの長さ ＞ 円周の長さ ＞ 正六角形の周りの長さ

$10 \times 4 = 40$　40cm

$5 \times 6 = 30$　30cm

円周の長さは直径の3.12倍より少し長くなる。

直径の4倍 ＞ 円周の長さ ＞ 半径の6倍
　　　　　　　　　　　　　　直径の3倍

---

4 正六角形より円に近い正十二角形で調べてみよう

正十二角形の一辺の長さは、およそ2.6cm

$2.6 \times 12 \div 10 = 3.12$
直径の3.12倍より少し長くなる

正多角形の頂点を増やすとより円に近づいた経験を思い出させ，円に近い正多角形で実測してみる。

まとめ

本時ではいきなり実測をするのではなく，外接する正方形と内接する正六角形を利用することで，円周の長さは直径の3〜4倍の間にあるという，はさみうちの方法で近似していく体験をする。

より円に近い正多角形を利用することで正確な数値に近づくことに気付かせ，正確に調べようとしている子どもがいたら価値付けていくようにする。

本時案

1円玉を転がすと何cm進むかな？

本時の目標

・いろいろな大きさの円の直径の長さと円周の長さの関係を調べ，円周と直径の割合が一定であることを見いだし，円周率の意味を理解することができる。

授業の流れ

1 1円玉を一回転させます。何cmくらい転がると思いますか？

1cmだと短すぎるし，3cmくらいかな

たしか前回，直径の3.1倍より少し大きかったから……

身近な1円玉を一回転させた長さを当てる課題から導入する。1円玉の直径は2cmなので，6cm以上になるが子どもたちにとって小さいイメージがあるため，そのずれから実際に確かめてみたいという意欲を引き出すようにする。

1円玉を一回転させます。
何cmくらい進むでしょうか？

1cm　　　3cm　　　6cm

1cmは短すぎる。

6cmもない気がする。

直径が10cmの円の時は、直径の長さの3.1倍くらいが円周の長さになっていた。

2 いろいろな大きさの円の直径の長さと円周の長さの関係を調べてみよう

円周の長さを調べるにはどうするといいかな

巻き尺を使ったり，紙テープを使ったりすると長さを測れる

円周の長さを測るアイデアを確認し，グループで円の直径の長さと円周の長さの関係について調べていく。

3 調べた結果をまとめてみよう

1円玉は直径が2cmで，周りの長さは6.2cmある

缶のふたを調べたら，直径が23.5cmで，円周の長さは75.5cmだったから，3.2倍に近くなった

調べた結果を発表させ，表にしてまとめ，どれも3.1〜3.2倍に近いことに着目させる。

10 分数のたし算とひき算

11 平均

12 単位量当たりの大きさ、速さ

13 面積

14 割合

15 帯グラフと円グラフ

16 正多角形と円

17 角柱と円柱

本時の評価

・円の直径と円周を測定する活動を通して，どんな大きさの円でも円周と直径の割合は一定であることを見いだすことができたか。
・円周率の意味や円周率＝円周÷直径で求められることを理解できたか。

準備物

・巻き尺，紙テープ，1円玉，セロテープ，CDなどいろいろな大きさの円，電卓

いろいろな大きさの円の直径の長さと円周の長さの関係を調べよう。

名前	1円玉	CD	紙コップ	缶のふた	お菓子の缶	…
直径（cm）	2	12	5.5	23.5	7.7	
円周（cm）	6.2	38	17.5	75.5	24.1	
円周÷直径（倍）	3.1	3.17	3.18	3.21	3.12	

どの大きさの円も大体3.1倍から3.2倍くらいになっている。

5個の平均を調べてみたら、3.156倍になった。

円周が直径の何倍になっているか表したものを円周率と言います。
どの大きさの円も円周率は一定で、3.14159……と限りなく続きますが、ふつうは「3.14」を使います。　円周率＝円周÷直径

---

4 円周が直径の何倍になっているか表したものを円周率と言います

どれも3.1～3.2倍くらいになっているね

円周率ってそういう意味だったのか

直径の長さに対する円周の長さの割合のことを「円周率」と言い，普通「3.14」の値を使うことを教える。

まとめ

本時では，円周率についていろいろな大きさの円を調べ，帰納的に考えていく。どの大きさの円でも3.1～3.2倍になることから一定の値になりそうだということを見いだしていくことが大切である。

子どもの手元で測れる大きさの円だけでなく，グラウンドにかいた大きな円でも本当に円周率が3.14になるか調べてみるのも面白い。

本時案

円周の長さを
求めよう

本時の目標

・直径の長さから，円周の長さを求めることが
できる。
・直径の長さと円周の長さの関係から2つの
数量が比例することを理解することができ
る。

授業の流れ

1 それぞれの円の円周を
求めましょう

直径5cm

直径10cm

直径の長さが分からないと
できない

半径でも大丈夫

　円周の長さを求める課題を提示するが，最初
は円だけ提示し，円周の長さを求めるためには
直径の長さ（か半径の長さ）が必要という言葉
を子どもから引き出す。

3つの大きさの円があります。
それぞれの円周の長さをもとめ
ましょう。

直径5cm

直径10cm

直径が分からな
いとできない。

半径でも
いい。

式

5×3.14＝15.7
直径　　　　円周
　　　円周率

式

10×3.14＝31.4

15.7cm

31.4cm

円周＝直径 × 円周率

---

2 円周の長さを求めるには，
どんな式になるかな？

円周率は3.14だったから，
直径の3.14倍

直径×3.14をすると円周の
長さを求められる

　円周率の意味を振り返り，直径の3.14倍が円
周の長さになることを利用して円周の長さを求
める。

---

3 半径が分かっている場合はどこ
に気をつけるとよいのですか？

半径×2が直径の長さに
なるから，
（半径×2）×3.14で円周の
長さが求められる

　3つ目の円は直径ではなく半径が与えられ
ていることに着目させる。

---

10 分数のたし算とひき算

11 平均

12 単位量当たりの大きさ、速さ

13 面積

14 割合

15 帯グラフと円グラフ

16 正多角形と円

17 角柱と円柱

本時の評価

・円周率を用いて，円の直径から円周を求めることができたか。
・直径の長さが2倍，3倍，…になると円周の長さも2倍，3倍，…になることから円周の長さは直径の長さに比例することを理解していたか。

準備物

・直径5cm，10cm，15cmの円に切った厚紙

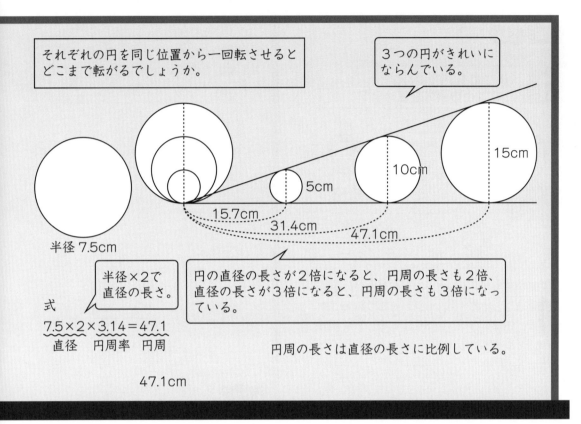

それぞれの円を同じ位置から一回転させるとどこまで転がるでしょうか。

3つの円がきれいにならんでいる。

半径7.5cm

5cm

10cm

15cm

15.7cm

31.4cm

47.1cm

半径×2で直径の長さ。

式

7.5×2×3.14＝47.1
直径　円周率　円周

円の直径の長さが2倍になると，円周の長さも2倍，直径の長さが3倍になると，円周の長さも3倍になっている。

円周の長さは直径の長さに比例している。

47.1cm

4 それぞれの円を同じ位置から一回転させるとどこまで転がるかな？

一回転だから円周の長さ分転がるね

きれいに並んでいる

　直径の長さが，2倍，3倍となっている円なので，一回転させると転がる距離も2倍，3倍となり等間隔になることに気付かせる。

まとめ

　本時は，直径や半径の長さから円周率を利用し，計算で円周の長さを求められるようにすることが大きなねらいである。ただ，そこで長さを求めて終わるのではなく，円周の長さを求めた円を同じ位置から転がす活動を通して，直径の長さや円周の長さを比較していく。子ども自身が比例関係を見いだしていけるようにすることが大切である。

本時案

直径の長さを
求めよう

本時の目標

・円周の長さから直径の長さを求めることができる。

授業の流れ

1 10 m の長縄でつくった
円の直径の長さを求めよう

円周の長さが10 mになる

直径の3.14倍が円周の長さになるから，直径を□とすると□×3.14＝10

円周の長さが分かっていて，直径を求める問題であることを押さえ，直径と円周の関係に着目させ，円周は直径の3.14倍であることから□を使って立式させる。

---

10 mの長縄を使って，円をつくります。この円の直径の長さを求めましょう。

円周の長さが
10 mになる。

10 m ──── □m

式

$$□×3.14＝10$$
$$□＝10÷3.14$$
$$＝3.18…$$

<u>答え　約3.2 m</u>

直径＝円周 ÷ 円周率

---

2 直径の長さを求めるには
どう考えるとよかったのかな？

□を使った式にすると考えやすい

直径＝円周÷円周率をすることになるね

直径，円周，円周率の関係を振り返り，それぞれを求めることができるようにする。

---

3 陸上のトラックの半径は
何 m にしたらいいかな？

1 周400 mで直線が160 m なら，曲線は，400－160＝240 240 m

円周が240 mの円になる

活用場面として陸上競技で使うトラックを扱い，円周にあたる長さを考えていく。

---

10 分数のたし算とひき算

11 平均

12 単位量当たりの大きさ、速さ

13 面積

14 割合

15 帯グラフと円グラフ

16 正多角形と円

17 角柱と円柱

本時の評価

・円周率を用いて，円周から直径の長さを求めることができたか。

準備物

・陸上のトラックの写真，電卓

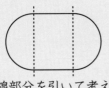

オリンピックなどで使われる、陸上のトラックは1周が400mです。
そのうち直線部分が160mになるように設計されています。曲線部分の半径は約何mになりますか。

この学校のグラウンドでも考えてみよう

陸上のトラック。

直線部分を引いて考える

$400 - 160 = 240$

円周が240mの円

式

$(400 - 160) \div 3.14 \div 2 = 38.2\ldots$

答え　約38.2m

半径だから÷2

4 学校の運動会で使うトラックはどうかな？

この学校は1周が150mになるように線を引いているよ

自分たちの学校だったらどうかという身近な場面を考えることで主体的に取り組めるように展開する。

まとめ

本時は，円周の長さを使って直径の長さを求める場面である。最初は直径と円周の関係から□を使って立式を考え，直径＝円周÷円周率で求められることを見いだしていく。

トラックの問題では，実際に学校のグラウンドのデータを調べておいたり，子どもたちと一緒に調べたりすることで興味をもって活動できるようにする。

本時案

どちらのルート
が短い？

授業の流れ

1 AルートとBルートではどちらのほうが，道のりが短くなりますか？

Aルートだと思う。直径に近い

どちらも半円だから最終的には同じだと思う

最初は長さを提示せず，見た目でどちらが短くなりそうかを予想する。計算して確かめてみたいという意見が出たところで長さを示して確かめるようにする。

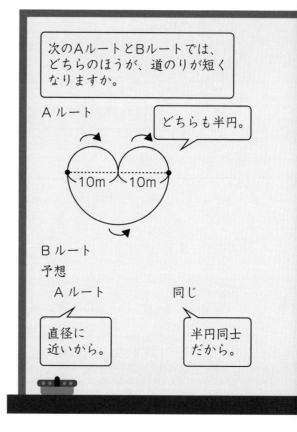

次のAルートとBルートでは、どちらのほうが、道のりが短くなりますか。

Aルート

どちらも半円。

10m　10m

Bルート
予想
　Aルート　　　　　　　同じ

直径に近いから。

半円同士だから。

2 どちらが短くなるか確かめてみよう

×3.14÷2がどちらの式にも入っているから計算のきまりが使える

どちらも31.4mになる

計算のきまりを利用して，計算を工夫してできるようにする。

3 Cルートだとどうですか？

より，直径の20mに近いから短い気もするけど

これも，20×3.14÷2の式になる

式に着目することで，最後まで計算しなくても同じと言えるようにする。

10 分数のたし算とひき算

11 平均

12 単位量当たりの大きさ、速さ

13 面積

14 割合

15 帯グラフと円グラフ

16 正多角形と円

17 角柱と円柱

本時の評価

・円周の長さを求める式を利用して，それぞれの長さが等しいといえる説明を考えられるか。

計算のきまりを使って×3.14÷2でまとめられる。

式

A ルート

$10×3.14÷2+10×3.14÷2$

$=(10＋10)×3.14÷2$

$=20×3.14÷2$

$=10×3.14$

$=31.4$　　　　31.4 m

B ルート

$20×3.14÷2$

$=10×3.14$

$=31.4$　　　31.4 m

同じ

もっと細かくなった。

C ルート

5m 5m 5m 5m

式

$5×3.14÷2×4$

$=20×3.14÷2$

$=10×3.14$

$=31.4$　　　　31.4 m

これも同じ。
×3.14÷2を残すと、
$20×3.14÷2$になる。

D ルート

5m　　15m

式

$5×3.14÷2+15×3.14÷2$

$=(5＋15)×3.14÷2$

$=20×3.14÷2$

$=31.4$　　　　　31.4 m

$20×3.14÷2$に
なるから同じ。

直径の和が20mになる半円
はどこで区切っても円周部分
の長さは20mの半円と同じ
になる。

---

4 D ルートのように途中で半円の大きさを変えるとどうかな？

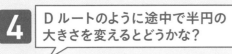

やっぱり計算すると
$20×3.14÷2$
になる

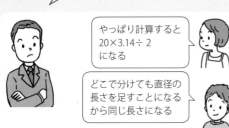

どこで分けても直径の
長さを足すことになる
から同じ長さになる

どのルートでも20×3.14÷2 の式になっていることに着目することで，どこで分けても同じ長さになることを説明できるようにしたい。

まとめ

　より小さい半円で分けたほうが，道のりが短くなるのではないかというのは，よく勘違いしやすいポイントである。

　計算すると同じ長さになるという点でも面白い発見ではあるが，本時では，計算のきまりを利用して，式に着目することで，同じ長さになることが言えたり，なぜ同じになるのかを考えたりしていくことも重要である。

本時案

プログラミング

本時の目標

・正多角形の辺の長さや，角の大きさに着目して，正多角形を作図するプログラムを考えることができる。

授業の流れ

1 プログラミングで正方形をつくってみましょう

正方形だから角度は90°かな？

前に進むを4回入れたらいいね

　最初は，進む距離や回転する角度の入力など基本的な使い方を紹介し，その後基本となる正方形のプログラミングに取り組む。

プログラミングで正多角形をつくろう

正方形のプログラム

5前に進む
90°左に回転
5前に進む
90°左に回転
5前に進む
90°左に回転
5前に進む

短くできそう。

くり返しを使うと簡単。

プログラムはなるべく短いほうがいい。

---

2 より短いプログラムにできないかな？

くり返しを使うと，もっと簡単にできる

　正方形がかけたことを確認した後，同じ結果でもより簡単な（短い）プログラムにできたほうがよいことを伝え，くり返しの使い方を考える。

3 プログラミングで正三角形のかき方を予想してみよう

正三角形だから，3回くり返すにして，60°回転させるといいね

あれ，どこかに行っちゃった

　なぜ回転する角度が60°ではいけないのかを図を使うなどして根拠を示して説明させることでプログラムの理解を深める。

10 分数のたし算とひき算

11 平均

12 単位量当たりの大きさ、速さ

13 面積

14 割合

15 帯グラフと円グラフ

16 正多角形と円

17 角柱と円柱

本時の評価

・図形を構成する要素に着目し，正多角形の定義や性質を振り返り，意図した正多角形を作図するためのプログラムを，筋道を立てて考えることができたか。

準備物

・Scratch 等のプログラミングができる端末

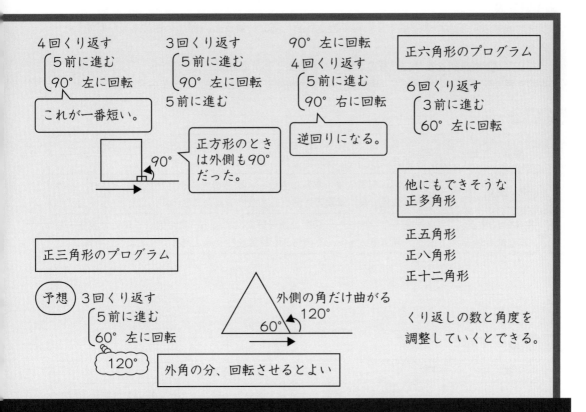

4回くり返す
・5前に進む
・90° 左に回転

これが一番短い。

3回くり返す
・5前に進む
・90° 左に回転
・5前に進む

90° 左に回転
4回くり返す
・5前に進む
・90° 右に回転

逆回りになる。

正方形のときは外側も90°だった。

90°

正六角形のプログラム

6回くり返す
・3前に進む
・60° 左に回転

他にもできそうな正多角形

正五角形
正八角形
正十二角形

くり返しの数と角度を調整していくとできる。

正三角形のプログラム

予想　3回くり返す
・5前に進む
・60° 左に回転

120°

外角の分、回転させるとよい

外側の角だけ曲がる
120°
60°

---

4 他にはどんな正多角形をつくることができるかな？

正五角形もできそう，くり返しを5回にして，角度を72°にしたらいい

くり返しの回数と，角度を調整していくといろいろな正多角形ができる

予想と違うものができた場合なども取り上げ，その原因を考えていくのもよい。

まとめ

　正多角形のプログラミングでは，辺に沿って移動していくので，回転する角度が外角になることがポイントである。いくつかの正多角形のかき方を考えていく中で，くり返しの数と角度をかけると360になるといった，外角の和のきまりを発見する子どもも出てくる。大いに価値付け，いろいろな図形のプログラムを楽しみながら考えていける展開とする。

17 角柱と円柱 （ 7時間扱い ）

単元の目標
- 角柱や円柱について図形を構成する要素である底面，側面に着目し，図形の性質を見いだすことができる。
- 見いだした図形の性質を基に，既習の図形を捉え直すことができる。
- 見取図や展開図のかき方を理解し，空間についての感覚を豊かにする。

評価規準

知識・技能	①基本的な角柱や円柱について知ることができる。 ②角柱，円柱の展開図をかいて構成することができる。
思考・判断・表現	③図形を構成する要素に着目し，図形の性質を見いだすとともに，その性質を基に既習の図形を捉え直すことができる。
主体的に学習に 取り組む態度	④角柱や円柱を，図形の構成要素に着目し，自ら観点を決めて観察・分類する。また，その特徴や性質を粘り強く考えて捉えようとする。

指導計画　全7時間

次	時	主な学習活動
第1次 角柱と円柱	1	立体を観察・分類する活動を通して，角柱や円柱の特徴や性質を理解する。
	2	底面や側面に着目して，角柱や円柱の特徴や性質の理解を深める。
	3	見取図のかき方のコツを理解する。
第2次 角柱・円柱の展開図	4	三角柱の実物をもとに，三角柱の展開図を考える。
	5	円柱の実物や見取図をもとに，円柱の展開図を考える。
	6	正三角柱の展開図が何通りできそうかを考える。
	7	トイレットペーパーの芯をもとに，円柱の側面の開き方を変えた展開図を考えて円柱をつくる。

単元の基礎・基本と見方・考え方

⑴角柱や円柱

　子どもたちは第4学年で，立方体，直方体について，それを構成する要素である頂点・辺・面などに着目して，その個数や面の形，それらの平行及び，垂直の関係について考察してきた。そして，見取図や展開図の学習を通して，立体図形を平面上にいかに表現するか，また逆に，平面上に表現された図からいかに立体図形を構成できるかを考察してきた。

　第5学年では，角柱，円柱について学習する。図形を観察するなどの活動を通して，まずは角柱・円柱を構成している底面や側面に着目し，図形の特徴や性質を見いだしていく。その後，詳しく構成要素である頂点・辺・面の個数や面の形を捉えたり，辺と辺，辺と面，面と面の平行や垂直の関係を捉えたりすることができるようにして理解を深めていく。また，見取図や展開図をかくことを通して，立体を平面上に表し，辺と辺，辺と面，面と面のつながりや位置関係を調べたり表現したりすることができるようにし，展開図から立体を構成する活動を通して，平面から立体を想像することができるようにしていく。立体から平面，平面から立体とイメージしていくことで，空間についての感覚を豊かにするようにしていく。

⑵構成要素に着目して図形の性質を見いだし，既習の図形を捉え直す

　これまで平面図形や立体図形の特徴や性質を調べるときに用いてきたように，角柱や円柱でも構成要素に着目して，図形の性質を見いだすようにしていく。側面の形に着目してみると，長方形や正方形になっている「角柱」と，曲面になっている「円柱」に分類ができ，さらに底面の形に着目することで，「三角柱」や「四角柱」といった名前をつけて分類していくことができるようになる。どの観点に着目しているのか，共通している点，相違している点はどこかを意識していけるようにすることが大切である。また，新しく「角柱」や「円柱」について分類した後，既習の立方体，直方体についても振り返り，統合的に捉えることができないかを考えていく。底面，側面が共に長方形や正方形になっていることから，直方体や立方体は角柱の一つと解釈し直すことができる。

　新しい観点について学習した後，既習の内容について振り返り，新しい観点に当てはめて捉え直していくことはこの単元に限らず，算数の学習を通して行っていきたい活動である。

本時案

ねらった立体を取り出そう

本時の目標
・角柱や円柱を見たり，触ったりすることでその特徴を捉え，角柱や円柱の意味を理解する。

授業の流れ

1 箱の中からねらった立体を取り出そう

最初はこの立体にしよう

平行になっている面がある

ヒントは，角がとがっている

三角形の面がある

代表の子どもに前に出てきてもらい，代表の子に分からないように決めた立体について他の子どもが3つヒントを出す。代表の子はそのヒントをもとに触るだけで，箱の中からみんなが決めた立体を当てるという立体当てゲームを行う。

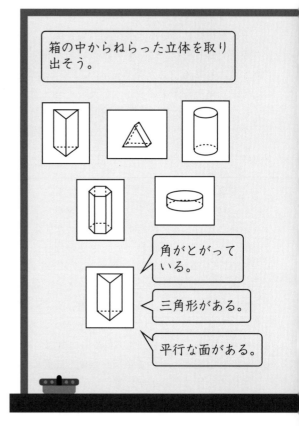

箱の中からねらった立体を取り出そう。

角がとがっている。

三角形がある。

平行な面がある。

2 あれ？ 予想していたのと違う

他にどんなヒントがあるとよかったかな？

細長い立体

代表の子どもが引いた立体が正解と違っていた場合は，どんなヒントが足りなかったのか確認することが大切。

3 この立体（円柱）はどちらの仲間に入るかな？

上と下の面が円だから円柱の仲間だと思う

立体当てゲームを通して，立体の特徴に着目できたところで，三角柱と円柱を例に，他の立体がどちらの仲間か考えていく。

10 分数のたし算とひき算

11 平均

12 単位量当たりの大きさ、速さ

13 面積

14 割合

15 帯グラフと円グラフ

16 正多角形と円

17 角柱と円柱

本時の評価

・角柱や円柱を見たり，触ったりして気付いたことを言葉で表現し，その特徴を捉えることができるか。
・直方体や立方体も角柱として統合的に捉えることができるか。

準備物

・立体（三角柱・六角柱・円柱）を入れる箱，立体の実物と見取図

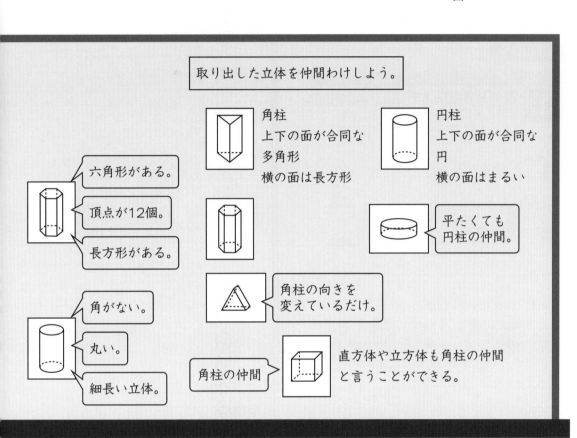

取り出した立体を仲間わけしよう。

角柱
上下の面が合同な多角形
横の面は長方形

円柱
上下の面が合同な円
横の面はまるい

六角形がある。

頂点が12個。

長方形がある。

平たくても円柱の仲間。

角柱の向きを変えているだけ。

角がない。

丸い。

細長い立体。

角柱の仲間

直方体や立方体も角柱の仲間と言うことができる。

---

4 4年生で学習した直方体はどうかな？

上下の面が同じで，横の面が長方形と考えると角柱の仲間

既習の直方体についても，改めて捉え直し，角柱の仲間であることを押さえておく。

まとめ

　立体当てゲームを通して，角柱や円柱の特徴を見いだし，その後の仲間分けに生かしていく。ヒントが抽象的過ぎたり，偏ったりする場合には，既習である構成要素に着目させたり，3つで足りないときは4つ目を出させたり，臨機応変に対応していくようにする。また，箱の中に正解以外の立体も入れておくことで，正解を導くために，より図形の特徴に注目するようになる。

本時案

立体の特ちょうを 詳しく調べよう

2/7

本時の目標

・角柱・円柱の底面，側面の特徴を理解する。
・角柱の構成要素について理解を深める。

授業の流れ

1 前回分けた立体を くわしく調べよう

 角柱の側面はどれも長方形

 上と下の底面は平行になっていて，合同になる

　前回，角柱と円柱に分けたことを振り返りながら，「側面」「底面」といった用語を教える。角柱，円柱それぞれに共通するきまりを見つけていくが，子どもが調べながら発見していけるよう実物・見取図の両方を活用していく。

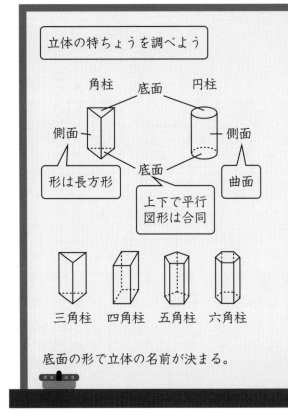

立体の特ちょうを調べよう

角柱　　底面　　円柱

側面　　　　　　　　側面

形は長方形　　底面　　曲面

上下で平行
図形は合同

三角柱　四角柱　五角柱　六角柱

底面の形で立体の名前が決まる。

---

2 それぞれの角柱には， さらに名前がついています。

 底面の形で名前が決まっている

　角柱に注目して，それぞれの角柱の名前を紹介していく。底面との関係に気付かせていくことが大切。

3 角柱についてくわしく 調べてみよう

 三角柱は側面が3つで，頂点が6つ，辺の数は9本だね

 六角柱は，うまく数える方法はないかな

　実物を触りながら数を確認していく。どうすると落ちや重なりがなく数えられるかについても考えていくようにする。

立体の特ちょうを詳しく調べよう

10 分数のたし算とひき算

11 平均

12 単位量当たりの大きさ、速さ

13 面積

14 割合

15 帯グラフと円グラフ

16 正多角形と円

17 角柱と円柱

本時の評価

・角柱や円柱の底面，側面について知り，角柱や円柱の性質を理解しているか。

・三角柱，四角柱，五角柱，六角柱の構成要素の数を表に整理し，それらに共通するきまりを見いだしているか。

準備物

・円柱，三角柱，四角柱，五角柱，六角柱の実物と見取図

角柱についてくわしく調べよう

	三角柱	四角柱	五角柱	六角柱
側面の数	3	4	5	6
頂点の数	6	8	10	12
辺の数	9	12	15	18

頂点の数：+1　+1　+1　×2

辺の数：+2　+2　+2　×3

+3　+3　+3

頂点は□角柱の□×2の数になる

辺は□角柱の□×3の数になる

表をたてに見た

□角柱の□が1増えると、側面は1増える。

頂点は2増える。

辺は3増える。

表を横に見た

---

4 きまりを見つけた

頂点の数は×2で，辺の数は×3になっている

どうして×2や×3になるのかな？

表にまとめると，子どもはこれまでの経験から縦や横に見てきまりを見つける。「なぜ？」と根拠を問うことも大切にしたい。

まとめ

　本時は，角柱や円柱の特徴や性質について学んでいく場面である。教師から一方的に教えるのではなく，実物を確かめながら子どもたちが角柱や円柱の特徴を見つけていく展開にすることが大切である。

　見つけたきまりについては，どうしてそう言えるのか，実物や見取図を使いながら，その根拠についても説明ができるようにしていきたい。

本時案

角柱や円柱の見取図をうまくかくには？

本時の目標

・角柱や円柱の見取図のかき方を理解し，正確にかくことができる。

授業の流れ

1 底面が正三角形の三角柱の見取図をかいてみよう

イメージしていたのと違う

底面をそのまま正三角形にしたらいけないのかな？

　角柱や円柱の見取図では，底面を実際の図形と同じようにかこうとしてしまうことで，実物とイメージが異なってしまうことが多い。一度自分のかいた見取図を客観的に見ることで，どのように見えるかを意識させる。

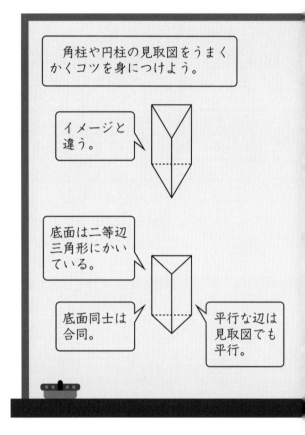

角柱や円柱の見取図をうまくかくコツを身につけよう。

イメージと違う。

底面は二等辺三角形にかいている。

底面同士は合同。

平行な辺は見取図でも平行。

2 実物や上手な見取図と見比べてみよう

底面は，正三角形じゃなくて二等辺三角形

平行な辺は，見取図でも平行になっている

　実物や上手にかけている見取図と見比べることで，自分がかいたものとの共通点や相違点を見いだしていくようにする。

3 円柱の見取図についても調べてみよう

やっぱり円柱も円にするとうまく見えない

円を平らにしたようにかいている

　円柱についても，見取図と見比べながら，うまく見えるコツを探していけるようにする。

10	分数のたし算とひき算
11	平均
12	単位量当たりの大きさ、速さ
13	面積
14	割合
15	帯グラフと円グラフ
16	正多角形と円
17	角柱と円柱

本時の評価

・うまくかけている見取図との比較を通して，角柱や円柱の辺や面のつながりや位置関係に着目して見取図のかき方を考えることができたか。

準備物

・三角柱，円柱の実物と見取図

見取図をうまくかくコツをまとめよう。

底辺をそのまま円にすると、イメージと違う。

・見える辺は実線で、見えない辺は点線で表す。
・底面は奥行きが短くなるように横長にかく。
・底面は合同で、平行に見えるように上下にかく。
・立体で平行な辺は、見取図でも平行にかく。
・側面の辺は真下におろすように平行に同じ長さでかく。

底面は円を平らにしている。

底面は合同で真下にくるようにしている。

---

4 見取図をうまくかくコツをまとめよう

底面は，奥行きが短くなるように横長にかく

平行な辺は，平行に気をつけてかく

　見つけたコツを挙げながら，見取図をかくときのポイントをまとめるようにする。

まとめ

　見取図がうまくかけると実際に立体をイメージする際に大きな助けとなるので，ここでコツを押さえて，自分のイメージした見取図がかけるように指導していく。立体の奥行きにあたる長さを実際よりも短くなるように表すことと，立体で平行な関係にある辺は，見取図でも平行になるようにかくことができると，上手な見取図をかくことができるようになる。

本時案

三角柱をつくろう 4/7

本時の目標
・三角柱の展開図を考えてかき，組み立てることができる。

授業の流れ

1 次のような三角柱を作ります。どのような面が必要ですか？

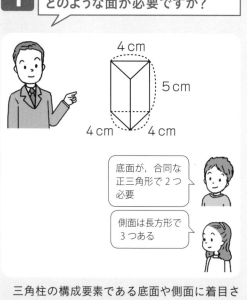

底面が，合同な正三角形で2つ必要

側面は長方形で3つある

　三角柱の構成要素である底面や側面に着目させて，どのような形の面がいくつ必要かを考えていくようにする。

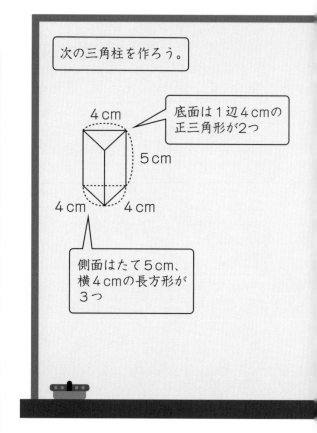

次の三角柱を作ろう。

底面は1辺4cmの正三角形が2つ

側面はたて5cm，横4cmの長方形が3つ

2 展開図をかいて組み立ててみよう

側面は横に長方形が3つ並ぶ

底面は上下にくっつくかな？

　必要な面を確認した後，展開図をかいて三角柱をつくっていく。どの辺とどの辺が重なるかをイメージさせてから組み立てていく。

3 切り開く辺を変えたら別の展開図もできる

違うところを切り開いて，別の展開図もつくってみよう

底面が中心になるように切り開くと……

　組み立て終わったら違う辺を開いて，別の展開図を考える。どのように辺が重なっていくのかを考えることで空間についての感覚を豊かにする。

10 分数のたし算とひき算

11 平均

12 単位量当たりの大きさ、速さ

13 面積

14 割合

15 帯グラフと円グラフ

16 正多角形と円

17 角柱と円柱

本時の評価

・三角柱の辺や面のつながりや位置関係など構成要素に着目して，展開図を作図したり，展開図をもとに構成したりすることができたか。

準備物

・工作用紙
・セロハンテープ

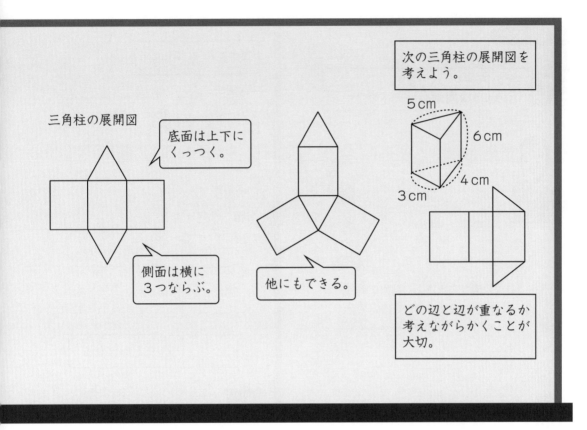

三角柱の展開図

底面は上下にくっつく。

側面は横に3つならぶ。

他にもできる。

次の三角柱の展開図を考えよう。

5cm
6cm
4cm
3cm

どの辺と辺が重なるか考えながらかくことが大切。

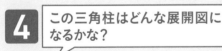

4 この三角柱はどんな展開図になるかな？

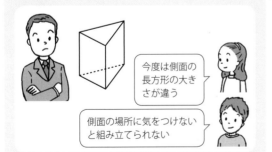

今度は側面の長方形の大きさが違う

側面の場所に気をつけないと組み立てられない

長さが異なる三角柱の展開図を扱うことで側面の位置関係について考えるようにする。

まとめ

三角柱の展開図を考え，実際に組み立てていく活動を行う。見取図をもとに，どんな面がいくつ必要かを見いだし，展開図に表せるようにしていく。組み立てた際にどの辺が重なるのか，どの面がつながるのかをイメージしていくことが大切になる。

展開図の重なる辺同士に色をつけて組み立てたり，開いたりして確認していくことも有効である。

円柱をつくろう

・円柱の展開図を考えてかき，組み立てること
ができる。

授業の流れ

1 次の円柱をつくります。
どのような面が必要ですか?

底面は直径 4 cm の
円になる

側面は，曲面だから……

　円柱の構成要素である底面や側面に着目させ
て，どのような形の面が必要かを考えていく。
側面が難しいのでどんな形になるか予想してい
くようにする。

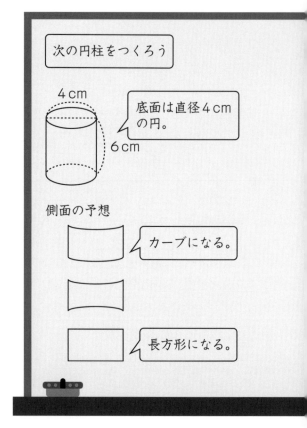

次の円柱をつくろう

4 cm

6 cm

底面は直径 4 cm
の円。

側面の予想

カーブになる。

長方形になる。

2 円柱の側面はどんな形に
なるのかな?

曲面だからカーブ
しているかな?

実際に側面に紙を
巻いてみたら……

　側面は曲面になっているため，どうなるか迷
う場面である。イメージするのが難しい子ども
は円柱に紙を巻き付けて考えてみるとよい。

3 側面の長方形の大きさは
どのようになるかな?

縦の長さが円柱の高
さになる

横の長さは，底面の
円周と同じになる

　円柱の側面が開いていく様子や，展開図から
円柱になるイメージをもたせ，長方形の横の長
さは円周と同じになり「直径 ×3.14」で求めら
れることを押さえていく。

10 分数のたし算とひき算

11 平均

12 単位量当たりの大きさ、速さ

13 面積

14 割合

15 帯グラフと円グラフ

16 正多角形と円

17 角柱と円柱

本時の評価

・円柱の側面の形や大きさなどに着目し，展開図を作図したり，展開図をもとに構成したりすることができたか。

準備物

・工作用紙
・セロハンテープ
・円柱の実物

次の円柱の展開図も考えてみよう。

円柱の展開図

4 cm
円周と同じ長さ。
12.56cm
6 cm
円柱の高さと同じ。

4×3.14＝12.56

2 cm
10cm

1 cm
6 cm

4 他の円柱ならどんな展開図になるかな？

円柱の形によって，展開図も違って見える

細長い円柱や平べったい円柱の展開図なども扱うことによって，円柱の展開図の理解を深める。

まとめ

円柱の展開図では，底面の円はイメージしやすいが，側面が長方形になり，その横の長さが円周と同じになるということが難しい。実際に側面に紙を巻いたり，長方形の紙を丸めたりする活動を通して理解できるようにする。また，円柱の形が変わると展開図のイメージも変わるのでいろいろな円柱でどのような展開図になるか予想し，実際に確かめる活動も大切である。

本時案

正三角柱の展開図は全部でいくつ？

授業の流れ

1 底面が正三角形の三角柱の展開図は何種類できるかな？

底面の位置を変えていくと他にもできる

　立方体の展開図が11種類あることなどとも関連させながら，子どもの調べてみたいという意欲を引き出すようにする。

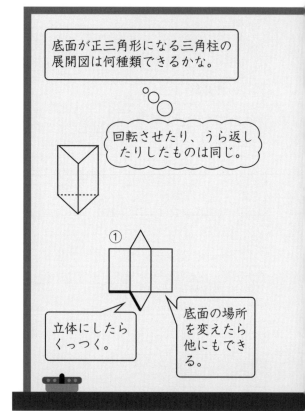

底面が正三角形になる三角柱の展開図は何種類できるかな。

回転させたり、うら返したりしたものは同じ。

①

立体にしたらくっつく。

底面の場所を変えたら他にもできる。

2 どのように展開図を考えていくとよいか，ヒントはありますか？

どの辺がくっつくか考えていくといい

　いろいろな展開図を考えるのに，どこに着目して考えるとよいか，ヒントという形で問いかける。

3 どんな展開図ができましたか？

底面の場所を変えるとあと3種類の展開図ができる

側面の場所を移動させると別の展開図もできる

　組み立てたときにちゃんと三角柱になるか確認しながら展開図を発表していく。

本時の評価

・1つの展開図をもとにして，面を移動させることで別の展開図を考えるなど，辺や面のつながりに着目して，筋道立てて考え展開図を見つけていくことができたか。

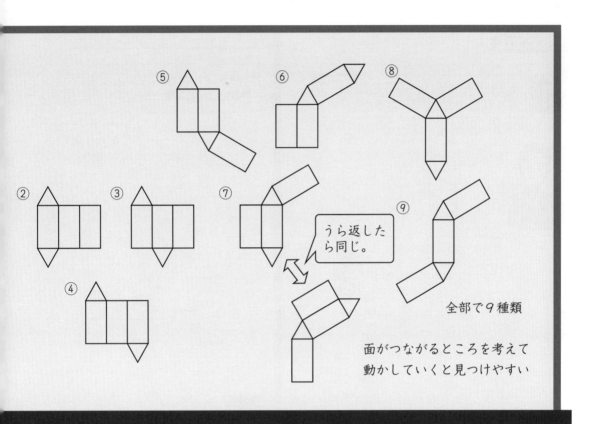

うら返したら同じ。

全部で9種類

面がつながるところを考えて動かしていくと見つけやすい

4 全部で何種類の展開図ができたのかな？

裏返すと同じになるものもある

9種類できるね

側面が横に3つ並ぶ場合や，2つ並ぶ場合など観点を決めて整理すると重なりなどが分かりやすくなる。

まとめ

　本時は角柱の展開図の活用場面である。全部で何種類できるかを考えることで，ただ闇雲に展開図を考えるのではなく，形の違う展開図を見つけることをねらいとする。1つの展開図をもとにして，別の展開図をつくるというように，筋道立てて考えていく展開とする。組み立てた時につながる辺や面を意識することで空間の感覚を豊かにしていく。

本時案

円柱のアレンジ
展開図

本時の目標

・円柱の展開図の側面の切り方を変えるとどんな展開図になるか考え，円柱の展開図の理解を深めることができる。

授業の流れ

1 トイレットペーパーの芯を開くとどんな形の展開図になるかな？

形は円柱だけど，ななめに線が入っている

細長い長方形になるのかな？

　グループごとに，実際にトイレットペーパーの芯などを用意し，観察しながら，開いた様子を考えさせていく。紙のつなぎ目に着目して考えさせるようにする。

トイレットペーパーの芯をのりしろにそって開くとどんな形の展開図になりますか。

ななめに線が入っている。

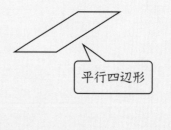

平行四辺形

2 実際に線に沿って切り開いてみよう

平行四辺形になった

　つなぎ目の線に合わせてはさみで切り開いてみて，どんな展開図になるか確かめる。

3 どうして，どれも平行四辺形から作っているのかな？

もし，ほうきの柄にビニールテープを巻いていくとしたらどうしますか

ななめに巻いていく

　どの紙管も平行四辺形になっている理由を考えていく。ラケットのグリップなど，棒にテープを巻き付ける場面ではよく使っている巻き方である。

円柱のアレンジ展開図
170

10 分数のたし算とひき算

11 平均

12 単位量当たりの大きさ、速さ

13 面積

14 割合

15 帯グラフと円グラフ

16 正多角形と円

17 角柱と円柱

本時の評価

・トイレットペーパーの芯などの側面の展開図が平行四辺形になっていることを知り，その理由について考えていたか。
・側面の切り開き方を変えることでいろいろな展開図ができることを理解していたか。

準備物

・トイレットペーパーやラップの芯などの紙管

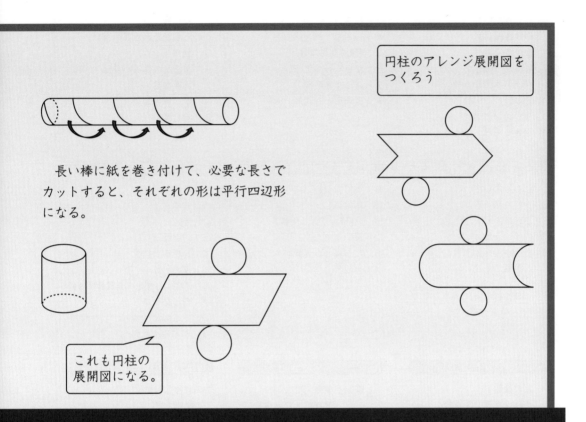

長い棒に紙を巻き付けて、必要な長さでカットすると、それぞれの形は平行四辺形になる。

これも円柱の展開図になる。

円柱のアレンジ展開図をつくろう

4 オリジナルの円柱のアレンジ展開図をつくってみよう

側面の切り方を変えるといろいろな展開図が作れるね

円柱の側面には辺がないので，切り開き方を変えることでいろいろな展開図がつくれることに気付かせる。

まとめ

本時は円柱の展開図の活用場面である。円柱の展開図の側面は長方形というイメージが強いが，実際に紙管を開くと平行四辺形になっている。そこで，どうして長方形じゃないのかという問いをもたせるように展開したい。

その後，いろいろな切り開き方の展開図を考えたり，それがどう立体になるのかをイメージしたりすることで，より円柱の展開図の理解を深めていく。

全12巻単元一覧

第1学年 ■ 上

1　なかまづくりとかず
2　なんばんめ
3　たしざん(1)
4　ひきざん(1)
5　ながさくらべ
6　せいり（表とグラフ）
7　10より大きいかず
8　とけい
9　3つのかずのけいさん
10　かさくらべ・ひろさくらべ

第1学年 ■ 下

11　たしざん(2)
12　かたちあそび
13　ひきざん(2)
14　大きなかず
15　たしざんとひきざん
16　かたちづくり

第2学年 ■ 上

1　表とグラフ
2　たし算
3　ひき算
4　長さ
5　1000までの数
6　かさくらべ
7　時こくと時間
8　三角形と四角形

第2学年 ■ 下

9　かけ算(1)
10　かけ算(2)
11　1000より大きい数
12　長い長さ
13　たし算とひき算
14　分数
15　はこの形

第3学年 ■ 上

1　かけ算
2　時こくと時間
3　わり算
4　たし算とひき算の筆算
5　長さ
6　あまりのあるわり算
7　大きな数
8　かけ算の筆算
9　円と球

第3学年 ■ 下

10　小数
11　重さ
12　分数
13　□を使った式
14　2桁のかけ算
15　倍の計算
16　二等辺三角形・正三角形・角
17　表とグラフ
18　そろばん
19　3年のまとめ

第4学年 ■ 上

1　大きな数
2　折れ線グラフ・資料の整理
3　わり算の筆算
4　角
5　2桁でわるわり算
6　倍の見方
7　垂直・平行と四角形
8　概数

第4学年 ■ 下

9　小数，小数のたし算とひき算
10　式と計算
11　分数
12　変わり方
13　面積
14　小数のかけ算・わり算
15　立方体・直方体

第5学年 ■ 上

1　整数と小数
2　体積（直方体・立方体）
3　変わり方
4　小数のかけ算
5　小数のわり算
6　合同な図形
7　図形の角
8　整数の性質（偶数・奇数，倍数・約数）
9　分数と小数，整数の関係

第5学年 ■ 下

10　分数のたし算とひき算
11　平均
12　単位量当たりの大きさ，速さ
13　面積
14　割合
15　帯グラフと円グラフ
16　正多角形と円
17　角柱と円柱

第6学年 ■ 上

1　対称な図形
2　文字と式
3　分数と整数のかけ算・わり算
4　分数と分数のかけ算
5　分数と分数のわり算
6　比とその利用
7　拡大図・縮図
8　円の面積
9　立体の体積

第6学年 ■ 下

10　比例と反比例
11　場合の数
12　資料の整理
13　6年のまとめ
14　中学との接続

監修者・編著者・執筆者紹介

[総合企画監修]

田中　博史（たなか　ひろし）

真の授業人を育てる職人教師塾「授業・人」塾主宰。前筑波大学附属小学校副校長，前全国算数授業研究会会長，筑波大学人間学群教育学類非常勤講師，学校図書教科書「小学校算数」監修委員。主な著書に『子どもが変わる接し方』『子どもが変わる授業』『写真と対話全記録で追う！ 田中博史の算数授業実況中継』（東洋館出版社），『子どもに教えるときにほんとうに大切なこと』（キノブックス），『現場の先生がほんとうに困っていることはここにある！』（文溪堂）等がある。

[編著者]

盛山　隆雄（せいやま　たかお）

筑波大学附属小学校 教諭。横浜国立大学大学院教育学研究科数学教育専攻修了。学習院初等科教諭を経て，現職。全国算数授業研究会 常任理事，隔月刊誌『算数授業研究』編集委員，教科書「小学算数」（教育出版）編集委員，志の算数教育研究会（志算研）代表。2011年，「東京理科大学 第4回《数学・授業の達人》大賞」最優秀賞受賞。主な著書に，『数学的活動を通して学びに向かう力を育てる算数授業づくり』，『「数学的な考え方」を育てる授業』（東洋館出版社）等，また主な編著書に，『めあて＆振り返りで見る 算数授業のつくり方』（明治図書），『11の視点で授業が変わる！ 算数教科書アレンジ事例40』（東洋館出版社）等がある。

[執筆者]（執筆順）

盛山　隆雄

第5学年授業づくりのポイント，単元11「平均」，単元15「帯グラフと円グラフ」

平川　賢（ひらかわ　さとし）　　　　昭和学院小学校

単元10「分数のたし算とひき算」

加固希支男（かこ　きしお）　　　　東京学芸大学附属小金井小学校

単元12「単位量当たりの大きさ，速さ」

新城　喬之（しんじょう　たかゆき）　　琉球大学教育学部附属小学校

単元13「面積」

小林　秀訓（こばやし　ひでのり）　　広島大学附属東雲小学校

単元14「割合」

松瀬　仁（まつせ　ひとし）　　　　聖心女子学院初等科

単元16「正多角形と円」，単元17「角柱と円柱」

『板書で見る全単元・全時間の授業のすべて　算数　小学校 5 年下』
付録 DVD ビデオについて

・付録 DVD ビデオは，盛山隆雄先生による「三角形の面積」の授業動画が収録されています。

【使用上の注意点】
・DVD ビデオは映像と音声を高密度に記録したディスクです。DVD ビデオ対応のプレイヤーで再生してください。
・ご視聴の際は周りを明るくし，画面から離れてご覧ください。
・ディスクを持つときは，再生盤面に触れないようにし，傷や汚れ等を付けないようにしてください。
・使用後は，直射日光が当たる場所等，高温・多湿になる場所を避けて保管してください。

【著作権について】
・DVD ビデオに収録されている動画は，著作権法によって守られています。
・著作権法での例外規定を除き，無断で複製することは法律で禁じられています。
・DVD ビデオに収録されている動画は，営利目的であるか否かにかかわらず，第三者への譲渡，貸与，販売，頒布，インターネット上での公開等を禁じます。

【免責事項】
・この DVD の使用によって生じた損害，障害，被害，その他いかなる事態についても弊社は一切の責任を負いかねます。

【お問い合わせについて】
・この DVD に関するお問い合わせは，次のメールアドレスでのみ受け付けます。　tyk@toyokan.co.jp
・この DVD の破損や紛失に関わるサポートは行っておりません。
・DVD プレイヤーやパソコン等の操作方法については，各製造元にお問い合わせください。

板書で見る全単元・全時間の授業のすべて
算数 小学校5年下
~令和2年度全面実施学習指導要領対応~

2020（令和2）年8月23日　初版第1刷発行
2024（令和6）年7月22日　初版第3刷発行

監　　修：田中　博史
編　　著：盛山　隆雄
企画・編集：筑波大学附属小学校算数部
発 行 者：錦織　圭之介
発 行 所：株式会社東洋館出版社
　　　　　〒101-0054　東京都千代田区神田錦町2丁目9番1号
　　　　　　　　　　　コンフォール安田ビル2階
　　　　　代　　表　電話 03-6778-4343　FAX 03-5281-8091
　　　　　営 業 部　電話 03-6778-7278　FAX 03-5281-8092
　　　　　振　　替　00180-7-96823
　　　　　U　R　L　https://www.toyokan.co.jp

印刷・製本：藤原印刷株式会社

装丁デザイン：小口翔平＋岩永香穂（tobufune）
本文デザイン：藤原印刷株式会社
イラスト：小林裕美子（株式会社オセロ）
DVD制作：株式会社 企画集団 創

ISBN978-4-491-04028-8　　　　　　　　　Printed in Japan